ALEXANDRU CIUCIU-FREISINGER

•

Viața 3D

ISBN 978-82-690692-0-4 - Viața 3D PDF
ISBN 978-82-690692-1-1 - Viața 3D eBook

Alexandru Ciuciu-Freisinger

VIAȚA 3D

Cuprins

Prefață

Dacă viața ar fi un film, atunci cum ar arăta filmul tău? Indiferent de răspuns, vestea bună este că oricât de rău sau de bine ar putea să arate, încă mai ai timp să îl transformi într-un succes. Prin cartea aceasta, am să te învăț cum să creezi cel mai frumos și mai de succes film 3D pe care lumea l-a văzut vreodată și în care tu ești regizorul, directorul și actorul. Tu ești cel care decide momentul introducerii acțiunii, drama, pasiunea și umorul. Succesul, efectul și impactul acestui film depind doar de tine, deoarece filmul acesta nu este altceva decât viața ta. Dumnezeu ți-a dat în dar viața pe care o ai, însă succesul ei este determinat de alegerile pe care tu le faci.

Succesul nu este definit de noroc sau de întâmplare, ci dimpotrivă; el vine în urma unei hotărâri clare, prin care o persoană alege să îl obțină. De foarte multe ori aud oameni care se scuză că nu au succes, justificându-se că nu au reușit, spre deosebire de alții, care au reușit. Cuvintele lor sunt întotdeauna la fel. Cei despre care vorbesc sunt cei privilegiați, cei care au avut șanse, care au fost persoana potrivită la momentul potrivit, care s-au născut într-o familie cu posibilități..., și lista continuă la nesfârșit.

Astfel de oameni știu de ce au reușit alții, dar nu știu de ce nu reușesc ei, pentru că scuzele sunt mottoul lor în viață. Dacă ești o asemenea persoană care are scuze pentru orice, sau dacă te gândești să alegi succesul, aș vrea să îți dau o veste foarte bună. Dumnezeu nu are favoriți. El nu favorizează pe unul și defavorizează pe altul. Dimpotrivă, El ne-a creat pe toți cu un potențial nelimitat și tot ce trebuie să facem este să îl accesăm.

Diferența dintre persoana care experimentează succesul și persoana care se scuză nu este oportunitatea. Dumnezeu a creat oportunități pentru fiecare. Persoana din primul caz s-a dezvoltat și s-a pregătit pentru a observa oportunitățile, atunci când vin, și să profite de ele, în timp ce persoana din al doilea caz a rămas încă la stadiul de scuze. Lucrurile pe care unii le văd ca probleme, alții le văd ca o creștere. Unii văd dificultăți, alții văd provocări. Pe unii, fricile îi trag înapoi, pentru alții, ele sunt motive de a merge înainte. Diferența constă în felul în care percepe fiecare oportunitățile. Dacă nu le vom vedea ca possibile cauze spre succes, nu le vom accesa niciodată. Dimpotrivă, le vom lăsa să treacă pe lângă noi, una după alta. O persoană pregătită știe că nu are rost să se întrebe dacă vin sau nu oportunitățile, ci dacă este gata să le observe atunci când apar.

Fiecare om care trăiește sau a trăit la un moment dat pe acest pământ este sau a fost format din trei părți: trup, suflet și spirit (duh). Aceste trei părți puse împreună alcătuiesc o persoană ca mine și ca tine. La fel, viața fiecărei persoane este formată din trei părți:

- partea fizică, sau trupul, prin intermediul căreia suntem în contact cu lumea înconjurătoare. În funcție de grija pe care o vei asigura trupului tău, vei determina buna funcționare a psihicului. Tot ce realizezi în viață se datorează funcționării trupului tău.

- partea psihică, sau sufletul (mintea, sentimentele și voința), care contribuie la realizările materiale. Toate realizările din viața ta sunt condiționate de grija pe care o vei acorda sufletului. Prosperitatea și banii pe care îi vei câștiga sunt

direct legate de funcționarea sufletului tău. La fel și cariera, poziția socială, statutul pe care îl ai. Chiar și visele, aspirațiile, dorințele vin din același loc, numit minte. Sufletul a conceput tot ceea ce a fost construit vreodată de mâna omului, de aceea, cât de sus vom ajunge din punct de vedere material este determinat de felul în care ne folosim mintea.

- partea duhovnicească, sau spirituală, care reprezintă spiritul (duhul) și care contribuie la împlinirea scopului în viață. Nivelul de împlinire, de fericire și de satisfacție personală are directă legătură cu grija pe care o vei acorda duhului tău.

Cele trei componente de mai sus sunt rezultatul conexiunii tale cu Creatorul, cu Dumnezeu. Tu te afli pe acest pământ cu un scop, iar acel scop este determinat de spirit.

Când vorbim despre viață, cu siguranță ești una dintre persoanele care își dorește succesul mai mult decât orice altceva și este bine, deoarece fiecare dintre noi am fost creați cu capacitatea de a obține succesul. Succesul este lucrul pe care îl caută orice persoană de pe pământ, indiferent de poziția geografică, de culoarea pielii, de cultură și de vârstă. Pentru unii, succesul poate să însemne un lucru, pentru alții, un altul. Cert este însă că ne dorim cu toții să devenim la un moment dat astfel de persoane.

Foarte mulți oameni au definit succesul în multe feluri, însă aș vrea să îți spun că pentru mine, adevăratul succes înseamnă mai mult decât bani, poziție, carieră sau realizări. Pentru mine succesul este „abilitatea de a trăi o viață tridimensională". Înseamnă să fii o persoană de succes din punct de vedere spiritual, sufletesc și pământesc. Dacă o persoană este de succes în toate aceste trei arii, atunci cu siguranță este și o persoană prosperă, fericită și împlinită. Pentru o persoană tridimensională nu există limite în ceea ce privește reușitele în viață. Aceste persoane nu doar își trăiesc viața frumos, dar își pregătesc și veșnicia. Când spiritul, sufletul și trupul lucrează împreună, rezultatele sunt excelente.

Scopul acestei cărți este de a te ajuta să conectezi duhul pe care Dumnezeu l-a pus în tine, cu sufletul (mintea) și cu trupul, pentru ca prin funcționarea lor să îți creezi un viitor strălucit. Secretul atingerii și trăirii unei vieți tridimensionale este dezvoltarea celor trei arii. Dumnezeu ți-a dat trupul, pe care îl numește templul tău, de aceea trebuie să ai grijă de el și să îl dezvolți, dacă vrei să lucreze spre binele tău. Ai primit și un suflet, care trebuie îngrijit dacă vrei să realizezi lucruri semnificative în viață. Și nu în ultimul rând, ai primit un duh care trebuie să crească, dacă vrei să dezvolți potențialul nelimitat care se află în tine. Toate acestea trei puse împreună formează o persoană de succes. Înseamnă tu și eu. De aceea, prin această carte am să te ajut să devii cea mai bună versiune a ta.

Dumnezeu ne-a creat cu o capacitate nelimitată. Potențialul care se află în tine este la fel de nelimitat ca și al celor pe care îi consideri genii. Diferența dintre ei și tine este că ei au înțeles cum funcționează și au început să-și folosească potențialul, înlăturând fiecare lucru care îi limita, pe când tu încă ești limitat de propriile tale alegeri. Dacă vrei cu adevărat să accesezi potențialul care se află în tine, trebuie să începi prin a prelua controlul asupra trupului, sufletului și duhului. Capabilitatea determină investiția pe care o faci în tine. Decide din acest moment, pentru restul vieții, să investești în tine și vei vedea că viața ta se va schimba radical. Vei merge din glorie în glorie precum spune Biblia.

Problema din cauza căreia foarte mulți oameni nu își trăiesc visele și viața pe care și-au imaginat-o este că cele trei arii nu funcționează împreună, pentru că undeva există o ruptură. Dorința mea este să te învăț cum să le folosești laolaltă, pentru realizarea unei vieți de succes.

Introducere

Aş vrea să încep această carte cu o întrebare: „Dacă ţi-aş oferi un milion de dolari şi ţi-aş spune să îi foloseşti cum vrei tu şi pe ce vrei tu, ce ai face cu ei?" Întrebarea a creat confuzie în mintea fiecărei persoane căreia i-am adresat-o. Poate te gândeşti că nu te interesează să răspunzi, căci până la urmă este un mare „dacă". Doresc însă să te provoc să te gândeşti la ea chiar acum şi să încerci să răspunzi. Ce ai face cu banii dacă te-ai trezi cu ei în cont? Răspunsul pe care îl vei da determină motivul pentru care nu îi ai, dacă nu ai, sau pentru care îi ai, dacă îi ai.

Punând această întrebare din nou şi din nou unor persoane de toate vârstele, de la bătrâni până la tineri, am primit o mulţime de răspunsuri precum: „Ei bine, dacă aş avea bani, i-aş investi într-o afacere". Acesta este cel mai des folosit răspuns, pentru că este important să îi valorificăm. Deşi pare înţelept, adevărul este că nu este cel mai bun răspuns. Unii mi-au spus că nu ar accepta aceşti bani pentru că nu sunt pregătiţi pentru ei, iar alţii mi-au înşirat ce ar cumpăra cu ei.

Până acum, probabil că te-ai întrebat care este răspunsul corect. În primul rând, ceea ce trebuie să ştii este că nu suma contează. Când aţi auzit de un milion, imediat v-aţi gândit la mărimea numărului, lucru care contează mai puţin. Un milion de dolari este o sumă mică pentru un miliardar, dar în acelaşi timp este o sumă mare pentru un sărac. De fapt, importantă este investiţia, modul în care foloseşti acei bani. În timp ce majoritatea încearcă să îmi explice în detaliu de ce i-ar investi într-o afacere sau de ce i-ar respinge, eu înțeleg imediat de ce persoana respectivă nu are banii respectivi. Știți care este motivul pentru care nu ai banii respectivi? Este simplu: pentru că nu ești pregătit pentru ei. Dacă ai avea capacitatea să gestionezi acei bani corect, atunci i-ai avea, însă pentru că nu deții capacitatea necesară, nu îi ai.

„Ce aș face cu banii, dacă m-aș trezi cu ei în mână?” Răspunsul corect este: „I-aș investi în mine!” Vedeți, atât de mulți se gândesc doar la ei și la ce ar putea să facă cu banii. Nu prea multe, dacă nu ai fi pregătit să îi ai. Când o persoană are pregătirea unui milion de dolari, va face alte 100, cel puțin, pentru că știe să gândească și să investească precum un milionar. Când cineva are pregătirea unei mii de dolari, va face alte câteva zeci de mii de dolari, iar când altcineva are pregătirea unei sute de dolari, va face alte câteva sute de dolari în plus. Cât va obține însă persoana care are pregătirea unui miliard? Alte câteva miliarde.

Probabil că și tu te-ai gândit că ai vrea să ajungi un milionar, cel puțin, și ai fi mulțumit. A ajunge milionar nu este imposibil; dimpotrivă, tot ce trebuie să faci este să gândești precum un milionar, să alegi precum un milionar și să acționezi precum un milionar. Sună atât de simplu? Ei bine, este simplu, însă doar dacă înțelegi cu adevărat cum funcționează. O persoană care are pregătirea unui milionar va face milioane din nimic. Toți ceilalți vor trece indiferenți pe lângă un lucru din care nimeni nu s-ar fi gândit că se pot face bani. Nu și cel cu gândirea de un milion. Acesta va scoate bani din nimic. Poți să îl duci oriunde în lume și va găsi o modalitate de a face bani. Ia-i tot ce are, de câte ori vrei, și vei vedea că din nou va ajunge milionar. De ce? Pentru că valoarea și pregătirea pe care o are este de milioane.

Steve Jobs este un exemplu despre ce înseamnă să ai pregătirea unui milionar. Deși a trebuit să părăsească propria companie la care a lucrat trup și suflet, el a început din nou de la zero. A doua zi după ce a părăsit Apple, a creat o altă companie numită NexT.

Motivul pentru care întotdeauna le spun oamenilor cât de important este să investească în ei înșiși este că știu următorul secret: potențialul și abilitatea unei persoane se va ridica întotdeauna la nivelul pregătirii ei. Dumnezeu ne-a creat pe toți cu o capacitate nelimitată. Nu există oameni priveligiați și oameni mai puțin privilegiați când vorbim de potențial. Cu toții avem un potențial nelimitat. Probabil că te întrebi: „Atunci de ce sunt atât de mulți săraci și oameni mai puțin creativi, mai puțin inteligenți?" Răspunsul este simplu: nu și-au dezvoltat potențialul și capacitatea pe care o au înăuntrul lor. Acestea nu sunt determinate de câte diplome are o persoană, ci de investiția pe care a făcut-o în ea însăși. Diplomele, banii, cariera și toate celelalte sunt rezultatele investiției persoanelor respective în ei.

Dacă și tu vrei să realizezi lucruri semnificative, atunci permite-mi să îți spun că este posibil. De fapt, tot ce ai nevoie pentru a ajunge acolo se află în tine. Tot ce trebuie să faci este să accesezi și să dezvolți capacitatea pe care o ai. Când investești un milion de dolari în tine, vei avea un potențial de un milion de dolari, care te va ajuta să acumulezi alte milioane.

Mulți dintre noi ne gândim cum să scoatem bani repede, fără să fim nevoiți să schimbăm ceva la noi. Dacă s-ar putea să trăiesc o viață iresponsabilă, dar să fac bani, ar fi superb. Din fericire, este imposibil să trăiești o viață de succes material, spiritual, fizic și psihic, fără să investești în tine. Adevărul pe care mulți nu îl pricep este că întotdeauna realizările unei persoane se vor ridica la nivelul potențialului ei. Cu alte cuvinte, dacă potențialul tău este de ordinul miilor, cu nici un chip rezultatele nu se vor ridica la nivelul milioanelor.

Imaginează-ți o scară de la 1-10. Dacă tu te afli la nivelul șase, afacerea ta va ajunge în cel mai bun caz la nivelul șase, dar cu niciun chip nu va merge la șapte. Dacă în schimb potențialul tău este prelucrat și îl dezvolți la nouă, atunci și afacerea ta se va ridica la acel nivel și niciodată peste. Este la fel în oricare arie a vieții. Poate ești un sportiv de performanță și te gândești să atingi un nivel superior. Singura modalitate este să folosești strategiile cele mai bune, ca să-ți dezvolți potențialul și astfel să îți crești și nivelul. Poate ești doar un simplu angajat sau părinte. Această regulă se aplică în fiecare domeniu al vieții noastre.

Ceea ce devii este mai important decât ceea ce câștigi, deoarece ceea ce devii influențează direct ceea ce câștigi. Tot ce ai acum nu este altceva decât ceea ce ai atras în viața ta, prin persoana care ai devenit până astăzi. „Pentru a avea mai mult decât ai, trebuie să devii mai mult decât ești.”

Acum, înainte de a începe, permite-mi să te întreb din nou: Ce ai face cu un milion de dolari, dacă l-ai primi chiar acum? Singura investiție sigură pe care cineva o poate face este cea de dezvoltare personală, care va rămâne eternă indiferent de piață, de criză, de deficite economice. Orice altă investiție are propriile ei riscuri. Când investești banii într-o afacere, există riscul ca piața să cadă, să întâmpini o criză și să pierzi totul, însă dacă i-ai investit în tine, nicio criză nu va putea să îți aducă pierdere. Întotdeauna, următorul pas, după ce ai investit în tine, este să investești în exterior, ca de exemplu în visul tău, în cariera ta, în afacerea pe care vrei să o deschizi.

În această carte am să te învăț cum să investești în tine și cum să îți dezvolți potențialul. Probabil că ți-ai spus: „Oh, dar eu nu am un milion de dolari ca să investesc în mine!”

Vestea bună este că nici nu trebuie să ai un milion. Milionul a fost doar exemplul prin care să înțelegi cum funcționează. Poate ești doar un simplu angajat, care a decis că viața este mai mult decât a merge zilnic la un serviciu care nu îți place. Poate ești un tânăr care a hotărât că vrea să își creeze o carieră de succes, sau poate un părinte care a ales să fie mai mult decât un părinte. Prosper sau mai puțin prosper, ai un potențial nelimitat, care așteaptă să erupă în orice clipă. Acum este timpul potrivit să dezvolți acel potențial și să îți schimbi viața. Nu trebuie să ai un milion de dolari pentru ca să investești în tine. Tot ce trebuie să ai sunt banii pe care îi ai și care sunt mai mult decât suficienți pentru ca să te dezvolți.

Prin această carte am să te învăț cum să îți conduci viața spre succes și să trăiești o viață 3D, adică o viață nelimitată. Adesea, oamenii îmi spun că sunt prea tineri sau prea bătrâni, prea bolnavi sau prea ocupați..., tot felul de scuze pentru care nu sunt dispuși să investească în ei. Secretul pe care eu îl știu și tu îl vei descoperi atunci când vei alege să lucrezi la dezvoltarea ta personală este acesta: niciodată nu va fi timpul potrivit, pentru că el nu există. Timpul potrivit este când alegi tu să fie. Poți, când vrei tu, să te convingi că ai nevoie de mai mulți bani, experiență, timp, încredere, strategii, relații și creștere. Ai încredere că acum este timpul potrivit să te dezvolți, iar peste un an sau doi vei înțelege că într-adevăr a fost timpul potrivit.

Uneori, vorbesc cu tineri care îmi spun că nu au timp pentru dezvoltarea lor, deoarece vor să se bucure de tinerețe și să petreacă cât încă mai pot. În mintea lor, ei cred că niciodată nu vor mai avea acest prilej. O astfel de gândire este rezultatul mediocrității și a limitărilor. Acești tineri nu înțeleg că viața nu este altceva decât ceea ce vrei tu să fie. Nimeni nu decide când și cum să petreci. A alege petrecerile în locul dezvoltării dovedeşte o gândire îngustă şi limitată. Eu îi întreb pe aceşti tineri: „Ce zici de varianta în care să petreci acum, dar şi mai târziu? Ce ar fi să îţi transformi viaţa într-o bucurie şi împlinire? Dumnezeu nu ne-a creat ca să trăim o viaţă plictisită şi lipsită de sens, ci ca să răspândim creativitatea Lui în jurul nostru şi să ne bucurăm alături de oamenii din jur."

Foarte mulţi concluzionează că viaţa este frumoasă cât timp eşti tânăr, pentru că mai târziu vin responsabilităţile. Aceasta este mediocritatea în care cei mai mulţi aleg voluntar să trăiască. Tu ai puterea de a transforma fericirea şi satisfacţia într-un stil de viaţă, însă doar dacă alegi să ieşi din tiparul numit mediocritate şi să te dezvolţi. Pentru a trăi o viaţă împlinită trebuie să dezvolţi potenţialul din tine, care va reprezenta pasiunea şi motivaţia ta în cursul ei.

De multe ori suntem conduşi de dorinţa arzătoare de a ne implica în vieţile oamenilor din jurul nostru, într-un mod semnificativ. Ne întrebăm cu ce am putea să contribuim în vieţile lor, cum am putea să-i ajutăm să se schimbe şi să devină mai buni. Cheia în a-i ajuta pe alţii este să te ajuţi pe tine primul. Cea mai mare contribuţie şi cel mai mare dar pe care îl poţi oferi celor din jurul tău sunt creşterea şi dezvoltarea ta personală. Dacă devin de zece ori mai deştept, mai puternic, mai prosper, ce se va întâmpla cu angajaţii mei, cu familia mea, cu prietenii mei? Când eu şi cu tine devenim mai buni, mai înţelepţi, mai puternici şi mai prosperi, atunci şi cei din jurul nostru vor beneficia de toate acestea. Dacă continui să creşti şi să îţi dezvolţi caracterul, sănătatea, gândirea, câştigul, atunci şi cei din jurul tău vor dori să devină ca tine. Vei ajunge un exemplu demn de urmat pentru ei.

Şi tu ai vrea să fii o persoană de succes, sănătoasă, atractivă, sinceră, pasionată, prosperă, determinată, fericită şi împlinită. Şi tu poţi să devii un model pentru cineva.

1

Alegerile

Provocarea reală a vieții constă în trăirea unei vieți excepționale, pe care fiecare din noi ne-am imaginat-o sau ne-o vom imagina la un moment dat, fie că este vorba de succes, carieră, influență, relație, fericire, bani sau orice altceva. Cu toții ne dorim să experimentăm ce este mai bun în viață. Însă undeva, de-a lungul ei, devenim blocați în propriile noastre alegeri. Nu-i așa că și tu ai experimentat acele momente în care ai ales atât de groaznic, încât rezultatul te-a blocat, fără să știi cum să mai ieși? Sunt acele momente în care nu mai poți să vezi calea de ieșire, lumina de la capătul tunelului. Ca urmare a acelei experiențe, te-ai descurajat, ai renunțat, sau te gândești să renunți la un lucru anume, poate chiar la viață.

Sunt atât de mulți oameni care renunță la viață, din cauza faptului că nu mai văd o cale de ieșire din propriile alegeri în care s-au blocat. Poate să fie ca urmare a adicțiilor în care au intrat, a pierderilor, materiale sau fizice, pe care le-au suferit, a alegerilor pe care alții le-au făcut și care i-au afectat și pe ei. Viața este suma alegerilor efectuate zilnic. Dacă este ceva ce Dumnezeu ne-a dat mai presus de orice pe acest pământ, acesta este darul de a alege. Alegerea este cea care determină calitatea vieții. Este secretul unei vieți extraordinare, iar vestea bună este că fiecare dintre noi dispunem de acest dar. Eu îl am, tu îl ai, cu toții îl avem și el poate să schimbe orice circumstanță din viața noastră, indiferent cine suntem la un moment dat. Este un dar care, folosit corect, poate să îndrepte viața noastră în direcția la care visăm. Deși nu întotdeauna vom putea să controlăm evenimentele din viața noastră, totuși putem să alegem pe ce ne focalizăm, ce înseamnă acel eveniment sau lucru și cum îl putem folosi în direcția spre care ne îndreptăm.

Există ceva în viața ta de care nu ești pe deplin satisfăcut și mulțumit? Atunci este timpul pentru o schimbare. Nu îți place cum arăți? Nu te simți bine în starea ta fizică? Schimb-o! Nu îți place jobul pe care îl ai? Schimbă-l! Nu îți plac experiențele pe care le ai? Schimbă-te pe tine, prin schimbarea alegerilor pe care le faci, iar atunci experiențele se vor schimba. Dacă vrem o altfel de viață trebuie să facem altfel de alegeri. Eu și tu avem posibilitatea să schimbăm orice în viața noastră, însă pentru ca acest lucru să se realizeze, este nevoie să luăm o decizie. O decizie reală, sinceră, onestă, prin care să înlăturăm orice posibilitate care ar putea să ne distragă din a ne dedica întru totul visului sau aspirațiilor pe care le avem. Bazat pe acea alegere, vom acționa și ne vom direcționa înspre ceea ce ne-am propus.

Trebuie să iei o decizie reală, dacă nu vrei să continui să trăiești așa. Este timpul pentru o schimbare. Totuși, ceea ce trebuie să știi este că alegerile mari încep cu alegeri mici. Indiferent de natura evenimentelor, bune sau rele, pozitive sau negative, avem posibilitatea de a alege, iar ceea ce alegem va condiționa felul în care vom experimenta.

Posibilitățile sau condițiile vieții nu sunt
atât de importante pe cât sunt alegerile.

Cu siguranță că știi sau ai auzit de oameni care au venit pe lume într-un mediu în care aveau toate condițiile posibile. Familia în care s-au născut le-a oferit toate posibilitățile, corpul lor era sănătos, relațiile erau bune și totuși, au eșuat teribil. În același timp, știi sau ai auzit de atât de multe persoane care nu au avut nimic, ci din contră, totul a fost împotriva lor. Cu toate acestea, au reușit ceea ce nimeni nu și-ar fi putut imagina vreodată. Ei au devenit exemple despre ce înseamnă să nu ai nimic și totuși, să alegi bine. Dacă astăzi nu alegi modul în care vrei să trăiești, atunci deja ai făcut o alegere. Ai ales să te lași condus de ceea ce viața îți va aduce în cale, în loc să decizi ce vei face cu ceea ce viața îți va aduce. Acum și aici trebuie să decizi ce fel de persoană vei deveni.

Chiar dacă nu ai posibilități materiale, financiare, fizice sau educaționale, dar alegi bine, te poți îndrepta înspre locul în care dorești să ajungi. Tot ce trebuie să faci este să alegi foarte bine. Fiecare om din universul acesta este direct infuențat de alegeri. Noi suntem și devenim ceea ce alegem.

Alegerile care ne influențează viața sunt de două feluri:

1) Alegerile personale - reprezintă propriile noastre alegeri, în urma cărora trecem prin experiențe care au efecte negative sau pozitive, asupra noastră. Alegerile tale sunt cele care au contribuit la un rezultat în viața ta, acesta fiind de fapt suma tuturor alegerilor, atât bune, cât și rele.

2) Alegerile celorlalți - într-un procent mai mic sau mai mare, fiecare persoană din jurul nostru ne influențează experiențele, ca urmare a alegerilor pe care le face zilnic. Tot la fel, și alegerile mele, sau ale tale, pot să îi influențeze pe ei. Gândiți-vă la o persoană care alege să vă fure anumite bunuri personale. Acea alegere pe care nu ai făcut-o tu în-

suţi, te-a afectat pe tine. Imaginează-ţi o pierdere, sau orice altceva care nu are de-a face cu alegerile tale, dar prin care poţi fi afectat şi tu. Acestea sunt momentele în care decizia finală îţi aparţine, adică tu hotărăşti cum te vei raporta la experienţele prin care treci şi care te afectează într-un fel sau altul. Aşadar, tu alegi cum te vei raporta la fiecare lucru care ţi se va întâmpla.

Viaţa are felul ei de a ne aduce tot felul de lucruri neaşteptate, însă în fiecare dintre acestea, decizia finală ne aparţine. Ce trebuie să ştii însă este că felul în care te vei raporta la ele îţi va determina experienţele. Fiecare alegere, de la primul pas în viaţă şi în continuare, a avut un impact în viaţa ta, rezultând acţiuni, momente şi experienţe. Alegerile pe care le efectuezi zilnic îţi influenţează în mod direct acţiunile, care la rândul lor îţi determină experienţele. Noi acţionăm pe baza alegerii pe care o facem, iar ca rezultat al acelei acţiuni vom experimenta o experienţă. Unde şi cum alegem să ne investim resursele, energia şi timpul va determina locul în care vom ajunge şi cum. Dacă vrei să ştii cum va arăta viaţa ta în cinci ani, uită-te la locul şi la felul în care investeşti cele trei lucruri de care dispui. Fiecare alegere pe care o faci va fi bazată pe resurse, timp şi energie, de acea, este vital să le gestionezi înţelept.

Permite-mi să îţi adresez următoarea întrebare: Îţi place viaţa pe care o trăieşti? Eşti satisfăcut, mulţumit de ea? Oricare ar fi răspunsul tău, un lucru este sigur, şi anume: viaţa pe care o experimentezi azi este rezultatul alegerilor de ieri, adică din trecut. Alegerile sunt cele care definesc viaţa unei persoane. Întotdeauna vei deveni ceea ce vei alege să devii. Din toate alegerile pe care le-ai făcut până în acest moment au rezultat o viaţă. Viaţă pe care o trăieşti acum. De asemenea, din toate alegerile pe care le vei face în viitor vor rezulta o viață. Viața pe care urmează să o trăiești.

Dacă vrei cu adevărat o viață diferită, atunci trebuie să alegi diferit. Am două vești pentru tine: una mai bună și una mai puțin bună. Vestea mai puțin bună este despre viața pe care o experimentezi acum. Din păcate, nu mai poți să mergi în trecut pentru a-ți schimba alegerile, însă ceea ce poți face este să începi cu o nouă perspectivă și o nouă viziune, din care va rezulta un viitor diferit și o viață diferită.

Viața este determinată de cinci tipuri de alegeri pe care le facem:

a) Alegerile foarte rele: întotdeauna vor avea ca rezultat o viață hidoasă, din care, în cele din urmă, se va pierde orice urmă de speranță și de credință.

b) Alegerile rele: întotdeauna vor avea ca rezultat o viață nesatisfăcută, nefericită și nemulțumită, ceea ce conduce la o viață chinuită și trasă după tine.

c) Alegerile bune: întotdeauna vor avea ca rezultat o viață mediocră, care nu este nici foarte proastă, dar nici foarte bună. Cei mai mulți dintre noi ne limităm la lucruri simple și mai puțin importante, care au de-a face în cea mai mare parte cu noi și cu persoanele dragi nouă.

d) Alegerile foarte bune: întotdeauna vor avea ca rezultat o viață foarte frumoasă. Este viața fericită, împlinită și satisfăcută. Este acea viață în care trăiești cu un scop și cu o semnificație. Este viața în care nu te limitezi doar la persoana ta, ci dimpotrivă, vrei să ai un impact pozitiv asupra oamenilor din jurul tău. Este viața care îți aduce împlinire trupească, sufletească și spirituală. Din acest gen de alegeri au rezultat persoane care au schimbat lumea pentru totdeauna. Sunt alegerile persoanelor care și-au lăsat amprenta în lume, făcând o diferență.

e) Alegeri mixte. Cei mai mulți dintre noi ne situăm în această categorie. Avem valori, principii și convingeri foarte bune pentru anumite domenii din viața noastră, dar atât. Știm exact care sunt principiile după care ne ghidăm viața spirituală, însă mai puțin pe cea materială. Alegem foarte conștient, bazați pe principii foarte bune din punct de vedere financiar, dar mai puțin relațional.

O viață de succes este formată din alegeri foarte bune nu doar într-un anumit domeniu, ci în fiecare domeniu din care ea este compusă. Dacă vrei să alegi foarte bine și să îți direcționezi viața spre succes, atunci trebuie să îți formezi principii și convingeri foarte bune, nu numai pentru viața spirituală sau materială, ci pentru fiecare arie în parte. Cei mai mulți dintre noi ne mulțumim cu unul sau două principii bune, însă când vine vorba de alte laturi, suntem deficienți și ne întrebăm de ce nu merge cum ar trebui să meargă. Viața spirituală, prin care îți dezvolți zilnic relația ta cu Dumnezeu, este cea mai importantă. Totuși, nici celelalte nu trebuie neglijate, deoarece Dumnezeu nu ne cheamă să avem o viață spirituală de succes și atât, ci dimpotrivă, El vrea să excelăm în fiecare domeniu: spiritual, financiar, relațional sau social.

Scopul acestei cărți este de a te ajuta să îți cultivi convingeri foarte bune, pentru ca să alegi foarte bine.

Ce fel de viață experimentezi tu în acest moment? Este cea mediocră, pentru care aleargă majoritatea, sau este viața care face diferența și pentru care luptă foarte puțini? Dacă vrei să trăiești o viață mediocră, tot ce trebuie să faci este să mergi împreună cu lumea. Dacă însă vrei ceva diferit în viața ta, atunci va trebui să te oprești chiar acum și să te gândești pentru o clipă ce vei face. Chiar vrei să continui să trăieşti cum ai trăit până acum? Crezi că din felul în care ai trăit până acum a rezultat fericire, împlinire şi succes? Dacă nu eşti sigur, uită-te la tine: la locul în care te afli, la procentul de împlinire, de satisfacţie şi de fericire, la jobul pe care îl ai, la cum arăţi fizic, spiritual şi psihic, la maşina pe care o conduci, la casa în care locuieşti, la persoanele pe care le preţuieşti, la prietenii tăi... Crezi că acesta este felul în care vrei să continui să trăieşti pentru tot restul vieţii? Dacă nu, atunci ce alegi?

Încearcă să-ţi aminteşti două alegeri pe care le-ai făcut şi care ţi-au impactat viaţa într-un mod semnificativ: fie negativ, fie pozitiv. Întreabă-te cum ar fi arătat viaţa ta, dacă ai fi ales diferit. Cu siguranţă că totul ar fi fost diferit, nu-i aşa? Nu trebuie să te îngrijorezi şi să te gândeşti cât de prost ai ales, însă ceea ce vreau să înţelegi este puterea şi influenţa pe care o alegere o are asupra vieţii tale. O singură alegere poate să schimbe tot cursul vieţii, pentru totdeauna. Poate să fie o simplă alegere, o rutină, ca de exemplu: te-ai dus la acea şcoală, iar acum eşti total schimbat; te-ai dus să mănânci într-un anume loc şi ai întâlnit persoana care avea să îţi devină partener; ai întâlnit pe cineva care te-a chemat la biserică, iar ca rezultat ţi-ai predat viaţa lui Isus şi ai devenit o persoană nouă. O simplă decizie, care a afectat tot restul vieţii. Ce faci, cum faci, cum trăieşti, care îţi sunt valorile în viaţă, care îţi este credinţa, plăcerile, cariera, influenţa, banii, toate acestea sunt rezultatul alegerilor.

Alegerile noastre conduc la acţiuni, iar acţiunile determină experienţele care ne pregătesc destinul pământesc şi, în cele din urmă, destinul final, după moarte. Aşadar, alegerile pregătesc destine. Deci, dacă vrei să schimbi ceva în viaţa ta, atunci va trebui să îţi schimbi alegerile. Ele sunt sursa atât a problemelor şi a eşecului, cât şi a reuşitelor şi a succesului în viaţă. Ele sunt cele care schimbă visele în realitate, iar vestea bună este că fiecare dintre noi avem acces la ele. Fie că eşti un simplu muncitor într-o firmă sau directorul firmei, un cerşetor sau un preşedinte, un tânăr sau un adult, tu ai posibilitatea să le accesezi. Tu ai acces la ele; tot ce trebuie să faci este să le direcţionezi încotro vrei să ajungi.

Probabil te gândeşti: „Aş vrea să aleg ce este mai bine, însă sunt mult prea neînsemnat!", sau poate crezi că nu ai ce trebuie ca să ajungi acolo. Permite-mi să îţi ofer un exemplu de ce înseamnă să nu ai tot ce îţi trebuie, dar totuşi să reuşeşti: Nick Vujicic este un om simplu, cu o mulţime de minusuri, destinat unei vieţi limitate din cauza lipsei mâinilor şi a picioarelor. Ca şi copil, s-a confruntat cu nenumărate greutăţi mentale, fizice şi psihice. A trebuit să îndure toate criticile şi râsetele copiilor din jurul lui, care îşi băteau joc de el din cauza dizabilităţilor. Totuşi, la un moment dat în viaţă, a trebuit să ia o decizie cu privire la ceea ce urma să facă cu viaţa lui. Putea să renunţe, să se dea bătut şi să se concentreze pe toate nedreptăţile prin care a trecut. Putea să dea vina pe Dumnezeu, pe părinţii lui şi pe destin, sau putea să ridice capul şi să aleagă să facă o diferenţă în vieţile celor din jurul lui, sa devină o inspiraţie pentru cei care treceau prin aceeaşi situaţie.

Ce a ales el? A ales să lupte precum un luptător, în ciuda tuturor circumstanţelor care îi erau împotrivă. Fără mâini, cu doar două picioare mici pe care putea să se sprijine, Nick urmează clasele primare, secundare, liceul şi universitatea. La vârsta de 21 de ani devine absolvent al Universităţii Griffith, cu diplomă. De la vârsta de 19 ani, când s-a adresat pentru prima oară unui public, el a vorbit de peste 3000 de ori, în mai mult de 57 de ţări, pe patru continente, atrăgând audiențe de până la 110 000 000 de oameni. De-a lungul timpului și până astăzi, vestește în toată lumea mesajul speranței și iubirea lui Dumnezeu. În prezent, deține două organizații numite „Viața fără membre” și „Atitudinea înseamnă altitudine”. A scris cărți și a câștigat multe premii. În plus, este căsătorit și are doi copii. Nick Vujicic este dovada reală că nu contează unde începi, ci dimpotrivă, contează ce alegi și unde ești determinat să ajungi. Toate realizările acestui om pot fi incluse într-un singur cuvânt, numit alegeri.

Foarte mulți oameni se gândesc că ar vrea să aibă șansa de a lua astfel de decizii și de a ajunge în astfel de locuri, însă nu cred că pot, deoarece nu sunt la fel de norocoși precum alții. Sunt paralizați de frică, pentru că nu au nici cea mai vagă idee despre cum să își transforme viața și visele în realitate. Astfel, ei nu ajung niciodată să facă o alegere radicală, care să le schimbe viața și să le împlinească visele.

Aș vrea să îți spun că doresc să te ajut să alegi astfel încât să îți transformi viața. Este important să decizi chiar acum că vrei schimbare și că vei fi gata să schimbi orice ar fi nevoie, pentru a reuși. Succesul începe cu o alegere, alegerea de a te schimba. O alegere adevărată înseamnă să te dedici căutării unei soluții și să respingi orice altă posibilitate. Dacă în acest moment alegi schimbarea, atunci la sfârșitul acestei cărți vei fi o persoană diferită, cu un caracter diferit.

Provocarea reală este definită de aspirațiile noastre, deoarece fiecare dintre noi vrem ceva mai bun. Cu toții vrem să trăim o viață semnificativă, prin care să avem o influență, o carieră și o faimă, însă prea puțini dintre noi suntem atenți la alegerile care ne direcționează viața. Ceea ce doresc să înțelegeți este că viața voastră va deveni ceea ce v-ați imaginat doar atunci când veți începe să alegeți foarte bine.

În concluzie, să nu uiți un lucru: azi eşti ceea ce eşti datorită alegerilor pe care le-ai făcut ieri. Mâine vei fi ceea ce vei fi datorită alegerilor pe care le faci azi. Tot ceea ce stă între tine şi locul în care vrei să ajungi, studiile pe care vrei să le urmezi, cariera pe care vrei să o ai, arta pe care vrei să o realizezi, invenția pe care vrei să o faci, afacerea pe care vrei să o dezvolți, visul pe care vrei să îl atingi... eşti tu însuţi. Alegerile sunt cele care te-au făcut să înaintezi sau să dai înapoi, indiferent de ceea ce ți-ai propus să realizezi în viață. Nu poți să te aştepți să ajungi pe vârf de munte, cu echipament de vale. Ai nevoie să te pregăteşti şi să te echipezi pentru munte, iar mai devreme sau mai târziu vei reuşi. Însă, câtă vreme visul de a urca pe munte este doar o aspirație, nu şi o alegere prin care să acționezi, va fi imposibil.

Pentru a ajunge undeva, trebuie să îți propui, să intenționezi. Aceasta nu se întâmplă pur şi simplu. Dacă însă vrei să treci prin viață doar accidental, fără să realizezi ceva, atunci lasă-te dus de val în ceea ce se numeşte supraviețuire. Pentru a lăsa un semn oriunde mergi, atunci trebuie să îți propui şi să îți faci un plan într-acolo. Totul începe cu o propunere: de a fi diferit, de a realiza ceva diferit, de a trăi diferit.

Înainte de a trece mai departe, aş vrea să te încurajez să iei chiar acum o decizie prin care să schimbi ceva începând de azi. Poate nu ai o viziune sau un vis pentru viața aceasta şi atunci trebuie să începi serios să te gândeşti la ceea ce vrei să realizezi cu adevărat şi la ceea ce crezi că vrea Dumnezeu să devii şi să faci. Care este chemarea şi scopul lui Dumnezeu pentru viața ta? Gândeşte-te sincer la această întrebare şi scrie-ți viziunea pe care o vei urmări şi în baza căreia vei acționa de acum înainte. Dacă ai deja o viziune, atunci întăreşte-o, asigurându-te că este lucrul pentru care te-ai născut şi pe care vrei să îl faci tot restul vieţii. Poate îţi este greu să îţi formezi o viziune pentru întreaga viaţă. Atunci îţi sugerez să te limitezi la 10 sau la 5 ani. Unde vrei să fii peste cinci ani de-acum? Vizualizează acea viziune şi fă-ţi un plan prin care vrei să ajungi acolo. Dacă şi aşa este prea mult pentru tine, atunci alege o viziune pe un an. Ce vrei să realizezi în anul acesta? Scrie mai jos şi re-aminteşte-ţi zilnic.

....

....

....

....

....

Ce influenţează alegerile noastre?

Cu toţii ne dorim o viaţă diferită, însă doar foarte puţini reuşesc. De ce? De ce eşuează majoritatea oamenilor, deşi ştiu ce ar trebui să facă pentru ca să se schimbe? Toţi dispun de acest dar numit alegere, pe care Dumnezeu l-a încredinţat fiecăruia, şi totuşi, 98% continuă să aleagă la fel de prost şi de dăunător.

Vreau să mă schimb, însă cu toate acestea continui să eşuez, în ciuda eforturilor investite în schimbare. De ce nu reuşesc? Răspunsul este: din cauza factorilor care mă influenţează în luarea deciziilor zilnice. Alegerile ne sunt influenţate de nouă lucruri:

1) Convingeri   6) Gânduri
2) Curiozităţi   7) Valori
3) Emoţii   8) Principii
4) Obiceiuri   9) Caracter
5) Adicţii

Deşi probabil că niciodată nu te-ai gândit la ele, creierul tău a creat un sistem intern, prin care te coordonează şi te determină să faci alegeri. Acest sistem acţionează în subconştient, direcţionând toate gândurile, convingerile, obiceiurile, alegerile, acţiunile şi simţurile, atât bune, cât şi rele, în fiecare moment pe care îl trăim; el controlează fiecare decizie şi însemnătatea pe care o dăm fiecărui lucru pe care îl experimentăm în viaţă şi determină ce facem, de ce facem ceea ce facem, ce ar trebui să facem şi de ce nu facem.

Partea înfricoşătoare este că cei mai mulţi dintre noi nu realizăm în conştientul nostru cum ne conduc viaţa aceste lucruri şi, astfel, niciodată nu ne gândim la o schimbare. Transformând în bine oricare dintre aceste cinci lucruri, fie că este vorba de convingeri, de curiozitate, de starea sentimentală, de obiceiuri sau de adicţii vom obţine un rezultat imediat şi măsurabil în vieţile noastre, ajungând la un alt fel de alegeri şi, ulterior, de experienţe.

În următorul capitol am să te învăţ cum să stăpâneşti fiecare dintre cele cinci lucruri şi cum să produci orice fel de schimbare doreşti, în caracterul tău. Am să te ajut să înţelegi de ce faci ceea ce nu ar trebui să faci şi cum să faci ceea ce ar trebui să faci.

Convingerile

Cu toții avem convingeri adânc imprimate înăuntrul nostru, despre viață, oameni, noi înșine, Dumnezeu, moarte, societate... și lista continuă, de la cele mai importante lucruri, până la cele mai nesemnificative. Convingerea este o colecție de gânduri, prin intermediul cărora decidem care este adevărul despre o anumită arie, un anumit lucru, sau despre o persoană din viața noastră. Convingerile sunt cele care ne dau sentimentul de siguranță și confort. Ele sunt realmente imprimate prin repetiție, în traseele neuronale ale creierului. Informațiile care provin din simțuri trec prin aceste trasee, pentru a fi interceptate de creier. Aceasta înseamnă că înainte de interpretarea pe care o dă creierul, informațiile care sosesc sunt filtrate prin convingerile noastre. În acest fel, realitatea pe care o percepem nu este una exactă, ci este manipulată de convingeri. De fapt, noi decidem cum ne raportăm la informațiile primite, în baza convingerile noastre.

Convingerile sunt adevăruri presupuse. O convingere nu se schimbă niciodată dacă nu este pusă la îndoială, iar pentru ca să apară schimbarea, este nevoie de curiozitatea de a o studia și de a înțelege dacă este reală și dacă are un fundament sau nu. În acelaşi timp, este nevoie de curaj şi de voinţă pentru a păşi pe un teren minat. Aceasta deoarece există posibilitatea de a fi provocaţi cu privire la ceea ce am crezut o viaţă întreagă, demonstrându-ni-se fie că acea credinţă este nefondată, fie că creierul nostru iubeşte zona de confort în care se află. De asemenea, creierul ştie că multe dintre convingerile care ne restricţionează, de fapt ne scutesc de necesitatea de a acţiona şi de a căuta oportunităţi, sau de nevoia de a părăsi zona de confort în vederea asumării unei responsabilităţi mai mari. Alte scuze restrictive ne furnizează motive convenabile pentru a munci mai puţin.

Este important să înţelegem că ceea ce noi percepem ca fiind realitatea, nu este neapărat adevărul, ci este doar o versiune personală despre realitate. Convingerea ne va furniza o imagine retuşată a lucrurilor din jur. Indiferent că este vorba de bine sau de rău, convingerile acţionează ca nişte filtre, mascând orice dovadă care nu le susţine. Noi filtrăm realitatea prin simţuri, prin limbaj, prin tendinţele înnăscute, pe care le raportăm la experienţele personale.

Convingerile care îţi formează imaginea de sine vin din generalizări, multe dintre ele nefondate, pe care ţi le-ai făcut de-a lungul vieţii. Motivul pentru care subconştientul nostru se încăpăţânează să le menţină este că el are tendinţa de a continua să facă ceea ce a fost obişnuit să facă dintotdeauna şi de a rămâne consecvent cu ceea ce a spus şi a făcut în trecut. Orice încercare de a schimba tiparele de gândire şi de acţiune din prezent declanşează un impuls homeostatic, care te face să te simţi stânjenit şi incomod.

Creierul uman caută confort şi plăcere şi încearcă să se depărteze de disconfort şi durere, de aceea, în situaţii incomode, tendinţa naturală a omului este de a reveni la vechile tipare. Această tendinţă este una dintre provocările reale pe care fiecare individ le experimentează şi care trebuie învinse: eliberează-te de ea, dacă vrei să devii productiv, activ şi să îţi eliberezi potenţialul care se zbate înăuntrul tău. Obişnuieşte-te cu ideea de a te simţi inconfortabil şi incomod, dacă doreşti să obţii un nivel mai înalt de eficienţă personală.

Cum se formează o convingere?

Principiul convingerilor spune că ceea ce crezi vreme destul de îndelungată şi suficient de profund despre tine însuţi, despre ceilalţi sau despre orice alt lucru din jurul tău devine adevărat pentru tine. Ți se va face după credinţa ta. Vei ajunge să crezi tot ceea ce ţi-ai spus ţie însuţi, sau ceea ce ţi s-a spus în mod repetat. Un proverb afirmă că „O minciună spusă de suficiente ori devine adevăr".

Nu crezi atât de mult ceea ce vezi, pe cât vezi ceea ce ai decis deja să crezi. În cea mai mare parte, convingerile tale vor determina experienţele, nu invers. În copilărie îţi formezi convingeri prin prisma influenţelor dominante la care ai fost expus. De exemplu, ţi-ai însuşit convingeri de la părinţi, de la profesori, de la prieteni sau prin mass-media, dar şi interpretările pe care le-ai dat acestor convingeri le-ai luat tot de la ei.

Pe măsură ce înaintezi în viaţă, dar în special în perioada copilăriei, dobândeşti o serie de convingeri care sunt fie parţial, fie total false. Multe astfel de convingeri care ne limitează sunt în contradicţie directă cu ceea ce Biblia spune despre posibilităţile noastre. Odată ce ţi-ai fixat o convingere, ai tendinţa de a observa doar acele lucruri care îţi întăresc credinţa în acea convingere. Abordează o percepţie selectivă şi îţi vei acorda şansa de a experimenta propria ta versiune a realității.

Convingerea se realizează printr-un proces amplu. Pentru ca un lucru să devină pentru tine convingere, el necesită să fie repetat de suficiente ori. Procesul prin care se realizează o convingere are loc în sistemele neuronale, însă se bazează pe informațiile pe care le primește creierul despre un anumit lucru.

Informațiile care ajung la creier vin prin intermediul celor cinci simțuri, pe care fiecare om le are: auzul, văzul, mirosul, pipăitul și gustul. Acestea trimit în mod constant informații, pe baza a ceea ce percep sub forma unei imagini care poate să fie de două feluri: pozitivă sau negativă. De exemplu, dacă îți arăt un anumit lucru, simțul vizual trimite imediat o informație la creier, în funcție de ceea ce a văzut. Dacă ai mirosit o anumită aromă sau un parfum anume, simțul mirosului va trimite la creier o altă informație care are legătură cu ceea ce a mirosit. Dacă ai simțit o atingere, sau dacă te-ai rănit din nou, simțul tactil informează creierul despre ceea ce a perceput.

La fel se întâmplă în fiecare moment, indiferent care simț sau simțuri intră în acțiune. Dacă, de exemplu, eu aduc un parfum și dau un pic pe tine cu el, imediat mai multe simțuri percep informația: mirosul, văzul, simțul tactil și auzul; doar gustul nu funcționează. Lucrurile diferă în funcție de situație. Pentru orice lucru, persoană, eveniment etc. ai o imagine care reprezintă convingerea ta. Este foarte important să îți hrănești creierul cu imagini pozitive, despre lucruri pozitive. Însă dacă lucrurile respective nu sunt benefice, îți trebuie o imagine negativă, pentru ca să le respingi.

Odată trimise înspre creier, informațiile trec prin filtrele numite convingeri, care le interceptează și le trimit mai departe sub forma unei imagini pozitive sau negative.

Apoi creierul, sprijinindu-se pe ceea ce a primit, va trimite din nou semnale de acțiune asupra simțurilor corpului. Cu alte cuvinte, fiecare acțiune pe care o realizezi se datorează alegerilor pe care convingerile tale le-au influențat. Întotdeauna vei lua decizii sau vei face alegeri bazat pe convingeri.

Cum ne-am format convingerile până în prezent?

Până în prezent, fiecare dintre noi am acumulat o mulțime de convingeri, unele bune, altele rele, iar acestea fie ne-au tras înapoi și ne-au limitat, fie ne-au ajutat să mergem înainte spre maturizare. De unde avem aceste convingeri?

Imaginează-ți că în următoarele cinci minute după nașterea ta, cineva a decis care îți va fi numele, naționalitatea, religia sau secta, iar din acel moment ți-ai petrecut fiecare minut până în prezent, protejând ceva ce tu nici măcar nu ai ales. Din momentul în care te naști, familia este primul mediu în care îți formezi o mare parte din convingeri. Mai târziu este școala, sunt prietenii, biserica și societatea în care se includ toate celelalte.

Fiecare dintre noi am ales zilnic până în prezent, ceva ce alții ne-au învățat și au gândit, nu ceva ce noi am ales. Gândiți-vă că cele mai multe convingeri care vă determină alegerile nici măcar nu vă aparțin vouă, ci părinților, prietenilor sau societății. Este imposibil să alegi diferit, câtă vreme convingerile sunt aceleași. Întrebați-vă dacă sunteți mulțumit de experiențele din prezent. Dacă nu, este timpul pentru o schimbare. Dacă te-ai întrebat de ce viața ta este mediocră și nu pare să aibă vreun sens, atunci îți spun eu de ce: pentru că convingerile nu sunt tocmai bune, de aceea va trebui să le schimbi, să le înlocuiești cu convingeri proprii, bazate pe realitate și pe adevăr. Viața ta nu va avea sens atâta vreme cât o vei trăi în funcție de ceea ce altcineva crede ceva, și nu tu, deoarece Dumnezeu te-a creat pe tine să fii tu și pe ei să fie ei. Cu alte cuvinte, stilul lor de viață nu se potrivește întotdeauna cu stilul tău, pentru că sunteți persoane diferite. Totuși, vestea bună este că tu poți să schimbi acest lucru.

Vrei să experimentezi acel succes, acea reușită, și să îți realizezi visul? Atunci este timpul să îți schimbi convingerile, fiindcă ele te-au oprit până în acest moment să devii persoana care ți-ai propus să devii. Dacă convingerile tale se vor schimba, atunci se vor schimba și alegerile, apoi acțiunile și în final experiențele. Dumnezeu ți-a dat un dar pe care nimeni nu ți-l poate lua: darul de a alege; însă ce pui în creierul tău va influența felul în care îl vei folosi. Asigură-te că ai cele mai bune convingeri, pentru o viață foarte bună.

Verificarea convingerilor

Acum că știm cum ne pot afecta convingerile viața, vrem să verificăm fiecare convingere în parte, pentru a vedea dacă este bazată pe realitate, pe moralitate, pe valorile lui Dumnezeu, și dacă sunt benefice. Trebuie să vedem cum ne afectează convingerile pe care le avem. Ne limitează viața? Dacă da, înseamnă că trebuie să scăpăm de ele și, în locul lor, să ne creăm alte convingeri. Dacă nu ești fericit și împlinit, înseamnă că trebuie să îți schimbi convingerile, deoarece acestea te privează de viața pe care Dumnezeu ți-a oferit-o. Convingerile te vor îndrepta fie înspre o viață frumoasă, fie înspre o viață neîmplinită. Tu și eu decidem ce convingeri lăsăm să ne conducă alegerile în viață. Pentru a le verifica și a ne asigura că ne construim cele mai bune convingeri, trebuie să le luăm pe rând, pe fiecare în parte, și să le trecem printr-un filtru pe care l-am creat special pentru verificarea lor. La fel trebuie să procedăm şi cu fiecare convingere pe care o vom avea în viitor.

Pentru a descoperi natura unei convingeri este necesar să punem întrebări. Trebuie să ne punem nouă înşine câteva întrebări, prin care să vedem dacă ceea ce credem este real şi fondat pe argumente verificabile, sau este doar o închipuire şi o manipulare prin care cineva încearcă să ne conducă vieţile. Întrebările au rolul de a ne provoca să medităm la confuzia pe care o avem cu privire la o convingere anume. La fel trebuie să procedăm şi cu obiceiurile pe care le-am dezvoltat până în prezent, sau pe care vrem să le dezvoltăm, deoarece parte din viaţa noastră este coordonată de obiceiurile pe care le-am cultivat. Fiecare dintre noi avem ritualuri sau obiceiuri pe care le practicăm zilnic, cum ar fi frecventarea unui loc de muncă, rugăciunea, cititul, mâncatul, spălatul, probabil gătitul, dormitul... Acestea sunt obiceiuri bune, care aduc beneficii vieţilor noastre, dar sunt altele mai puţin benefice, cum ar fi întârziatul, fumatul, consumul băuturilor tari, bârfa, minciuna etc. Acestea sunt obiceiuri negative, care dăunează grav calităţii vieţii. Dacă le practici, va trebui să scapi de ele imediat, pentru ca să îţi redirecţionezi viaţa în mod înţelept.

Bineînţeles, eu am luat două liste simple, însă ceea ce vreau să te rog este ca tu să îţi cercetezi viaţa cu atenţie, deoarece obiceiurile pe care le ai denotă cine eşti ca persoană şi îţi dezvăluie chiar şi caracterul. Succesul în viaţă nu se întâmplă prin accident, ci dimpotrivă, este suma obiceiurilor foarte bune.

Pentru a descoperi cu adevărat care sunt convingerile şi obiceiurile care te limitează, care te trag în jos sau chiar dăunează vieţii tale, atunci va trebui să faci o listă cu ele, urmărind efectul pe care le au asupra vieţii tale. Pentru aceasta, ai nevoie de întrebări ajutătoare, prin intermediul cărora să descoperi natura lor. Pentru început, scrie pe o foaie, pe un caiet sau pe orice doreşti, în ordinea pe care tu o alegi, fiecare obicei pe care îl practici zilnic.

Convingerile personale: o listă importantă şi necesară este lista cu convingerile pe care le ai despre orice lucru pe care vrei să îl verifici. Convingerile despre tine însuţi, despre oamenii din jur, societate, Dumnezeu, despre administrarea timpului, visele tale, realizările pe care vrei să le îndeplineşti. Sunt doar câteva exemple, însă convingerile funcţionează în fiecare arie a vieţii, de la ce mănânci sau bei, până la ce crezi despre viaţă. Trebuie să verifici unde eşti azi şi spre ce te îndrepţi ca persoană, care este golul pe care îl ai şi care îţi sunt aspiraţiile. Dacă eşti nemulţumit de rezultatele din prezent, atunci va trebui să lupţi pentru o viaţă mai bună şi calitativă, înlocuind convingerile actuale.

După ce ai completat şi lista a doua cu convingerile pe care vrei să le schimbi, este timpul verificării lor sau a trecerii lor prin filtru. La final, vei avea o listă cu cele pe care trebuie să le schimbi. În partea următoare vom începe să le schimbăm.

Filtrul: este compus din trei întrebări care te vor ajuta să descoperi natura unui obicei sau a unei convingeri. Pentru aceasta, folosim trei modele:

a) Identificare - Ce informaţii am despre convingerea în care eu cred? Prima întrebare pe care trebuie să ţi-o adresezi este cu privire la informaţiile şi argumentele pe care le ai cu privire la ceea ce crezi. În procesul descoperirii convingerilor, tot ce trebuie să faci este să te uiţi la alegerile pe care le faci zilnic. Prin alegerile pe care le faci, poţi să descoperi care sunt convingerile tale, deoarece, într-o mare măsură, alegerile noastre sunt determinate de convingeri.

Verificând acea convingere pe care vrei să o testezi, întreabă-te: „Există argumente plauzibile pentru credința mea, sau este doar o minciună, o iluzie creată?” Pentru a descoperi acest lucru, trebuie să cauți informațiile existente despre acea convingere. În căutarea argumentelor, întotdeauna vei găsi două tabere care vor încerca să argumenteze ceea ce ei cred despre convingerea pe care tu o ai. Va trebui să analizezi ambele variante.

În timp ce cauți informațiile, ia o foaie de hârtie și împarte-o în două coloane: pe una scrie „pro convingere”, iar pe cealaltă „contra convingere”. În coloana „pro” scrie toate argumentele pozitive pe care le găsești, iar în cea „contra”, toate argumentele negative. Odată ce te oprești din căutare, vei avea două liste. Trage o linie sub argumente și compară-le, pentru a vedea care are logică și care nu. Odată ce procesul este gata, vei rămâne cu o concluzie despre cea mai plauzibilă definiție și astfel vei putea să tragi o concluzie din argumentele găsite.

Atenție! Verificarea convingerii presupune ca tu să provoci ceva ce deja crezi și pentru care ai argumente pro, de aceea, în cercetarea ta nu lăsa ceea ce consideri că va manipula rezultatul final. Trebuie să fii neutru până la proba finală, deoarece în caz contrar vei manipula concluzia. Trebuie să fii onest în verificarea și comparația lor, la fel și în căutarea argumentelor. Dacă, de exemplu, în căutarea argumentelor pro o vei lua pe cea mai pregătită persoană care există pe piață, la fel va trebui să cauți și la contra, altfel concluzia va fi evidentă. Cel cu pregătire va ști să argumenteze mai bine, chiar dacă nu este adevărat ce spune, și prin urmare poate să te influențeze să îți formezi o convingere care nu te va ajuta. De aceea, fii transparent, nu te lăsa influenţat şi înţelege că are de-a face cu viaţa ta, pe care o va afecta într-un mod direct.

b) Provenienţă - Încalcă convingerea respectivă caracterul şi moralitatea lui Dumnezeu? Este foarte important ca ceea ce crezi să nu încalce moralitatea şi principiile lui Dumnezeu. Dacă acea convingere este în contradicţie cu moralitatea şi cu valorile lui Dumnezeu, atunci ea trebuie schimbată. Pentru a înţelege care sunt lucrurile morale şi care sunt cele imorale, vă sfătuiesc să studiaţi această latură separat. Orice lucru care încalcă moralitatea lui Dumnezeu vine de la diavolul, de aceea trebuie respins, altfel îţi va afecta alegerile şi ulterior viaţa.

Atenţie! Creştinii sunt diferiţi, în funcţie de mediul în care au crescut. Cei care se raportează în mod constant la schimbările din societate, îşi adaptează metodele de abordare, dar păstrează nealterat mesajul şi caracterul moral. Te încurajez să îi alegi pe aceştia ca reper pentru verificarea moralităţii convingerilor tale. Unii îţi vor spune că este greşit să porţi un anumit tip de haine, sau să dansezi, şi că un anumit loc de muncă şi anumite activităţi nu sunt bune. Indiferent ce susţin aceştia, tu trebuie să verifici şi să te convingi personal. Biblia defineşte păcatele ca fiind imoralitate, fărădelege, de aceea trebuie să le identifici în viaţa ta.

c) Efect - După ce ai verificat informaţiile, fă următorul pas şi anume verificarea practică a informaţiilor. Cum arată viaţa persoanelor care au convingerea respectivă? Este ea pozitivă, sau negativă? Ce fel de trăire experimentează ca rezultat al convingerii pe care o au? Sunt persoane morale, au valori bine definite, violează trăirea lor moralitatea lui Dumnezeu? Cum se raportează la oamenii din jurul lor ca urmare a acelei convingeri? Le pasă de cei din jur, sau trăiesc pentru ei înșiși? Sunt ei mai buni? Este viața lor fericită și împlinită datorită acelei convingeri? Uită-te la rezultatul convingerii lor și la efectul pe care îl are asupra vieții lor. Este pozitiv sau negativ? Pentru că, nu-i așa, nu vrei să crezi în ceva care vezi că te va face nefericit, neîmplinit și îți va conduce viața spre nicăieri!

Atenție! Aceste întrebări îți vor descoperi dacă informațiile primite sunt plauzibile și practice sau doar sună bine teoretic. De exemplu, sunt foarte mulți cei care cred într-un lucru și ți-l argumentează cu toată pasiunea. Însă când te uiți la rezultatul acelei credințe în viața lor, ajungi să simți milă și compasiune pentru ei, deoarece este clar că îi trage în jos, sunt nefericiți, neîmpliniți. Trebuie să te uiți la efectul convingerii pe care o verifici în viețile oamenilor.

Exemplu: Să presupunem că o persoană îți spune că fumatul este benefic și chiar te provoacă să încerci și tu, explicându-ți că reduce stresul și te calmează. Ce vei alege? Ei bine, după ce ai verificat informația în prima parte, ai trecut și de a doua, ai văzut că nu încalcă moralitatea și ai ajuns în al treilea punct, verificarea rezultatului în viața persoanelor practicante. Făcând acest lucru, vei obține un răspuns vizibil negativ, deoarece tutunul produce exact opusul, adică dependență, stres, distruge sănătatea, provoacă cancer... și lista continuă. A fost atât de simplu să observ că acest obicei pe care unii îl practică are un caracter distructiv. Ca atare, nu am să accept un astfel de obicei.

Un alt exemplu: Să presupunem că ești o persoană care crede în Dumnezeu cu toată ființa, însă nu știi exact ce să crezi despre un anumit lucru care ți s-a comunicat. Din acest motiv, nu știi ce să alegi, sau poate că ai deja o convingere, dar vrei să vezi dacă este plauzibilă. Pentru a face acest lucru, din nou va trebui să folosești filtrul respectiv, până ajungi la rezultatul pe care îl are acel lucru în viețile oamenilor care îl practică.

Multă vreme eu am crezut că Dumnezeu mă vrea sărac, deoarece așa am fost învățat. Pentru că aveam o astfel de convingere, o bună parte din viață am trăit-o limitat. Câtă vreme crezi că Dumnezeu te vrea sărac, bineînțeles că nu vei căuta să crești și vei rămâne așa atât tu, cât și cei pe care îi influențezi. Totuși, la un moment dat, această convingere s-a dovedit a fi neadevărată, așa că am schimbat-o imediat, iar din acel moment și viața mea s-a schimbat. Nu numai că am devenit o persoană mai bună, cu aspirații bune, dar și persoanele din jurul meu au experimentat o creștere, ca urmare a influenței mele în viața lor. Astfel, am putut să prosper, iar din prosperitatea respectivă au beneficiat și cei din jurul meu.

Eu și cu tine nu putem să fim o binecuvântare pentru alții până când noi nu suntem binecuvântați. Pentru ca să-i ajutăm pe alții să prospere, noi trebuie să prosperăm mai întâi. Uitându-mă la viața celor care erau pro și a celor care erau contra convingerii mele, am putut foarte ușor să observ contribuția benefică pe care o aveau cei care credeau că Dumnezeu ne vrea prosperi, acesta fiind exact opusul a ceea ce credeam eu. Mirat, am căutat al doilea grup de persoane și anume pe cei care credeau că Dumnezeu este împotriva prosperității. Am observat că rezultatele din viața lor erau extrem de slabe și de limitate. Astfel, mi-am schimbat convingerea imediat, iar de atunci și viața mea s-a schimbat. Verifică fiecare convingere pe care o ai, deoarece ea îți va limita viața. O viață împlinită este rezultatul convingerilor foarte bune.

3

Curiozitățile

Sunt momente în viață când alegem neinfluențați de convingeri, dar influențați de curiozitate. Cu siguranță vi s-a întâmplat să alegeți în viață influențați de curiozitate. Ca ființe umane, avem nevoie să experimentăm lucruri noi, deoarece acestea sunt lucrurile care fac diferența în viața unei persoane. Curiozitatea este mama învățării, a invențiilor și a tuturor descoperirilor de care dispunem până în prezent. Viața voastră se datorează în parte curiozităților. Curiozitatea poate să însemne un lucru bun și pozitiv, sau un lucru rău și negativ, în funcție de cum este folosită. Dacă este folosită corect, ea ne conduce spre cunoștință, realizare, descoperire, invenție. Dacă este folosită greșit, ne poate distruge viața, conducându-ne spre adicții precum țigara, drogurile, furtul, violența, abuzurile, păcatul.

Curiozitatea înseamnă tentația sau invitația de a face un lucru nou, nemaiîntâlnit până în acel moment. Însă deoarece creierul tău nu are o convingere formată pentru acel lucru, el va rămâne neutru, lăsând alegerea în mâinile tale. Acum, dacă ai înțeles cum poate să-ți influențeze curiozitatea alegerile, trebuie să fii mai atent la felul în care te raportezi la curiozități. Curiozitatea este parte din viața noastră şi este foarte importantă şi benefică, dacă o folosim bine. Întotdeauna când alegi din curiozitate, pune-ţi câteva întrebări care îţi vor simplifica alegerea şi vor reduce riscul unor greşeli. Întreabă-te: Dacă am să fac lucrul respectiv sau dacă voi merge în locul respectiv, indiferent de curiozitate, atunci...:

1) Ce beneficii voi avea? Mă va ajuta? Mă voi simţi bine? Mă va împlini? Mă va face mai bun sau mai rău? Mă va conduce spre creştere sau spre descreştere? Ce am de câştigat dacă voi accepta provocarea? Mă va conduce mai aproape de Dumnezeu, sau mă va îndepărta?

2) Care sunt riscurile? Îmi vor afecta valorile? Dar sănătatea? Îmi vor afecta moralitatea? Dar convingerile?

Prin întrebările pe care ni le adresăm nouă, creierul este direcţionat să caute detalii cu privire la curiozitatea pe care o avem, făcând-o mai uşoară şi mai puţin riscantă. De exemplu, dacă propunerile pe care ţi le face cineva (un drog, un anumit tip de mâncare, o ieşire undeva, o anumită activitate etc.) nu au mai fost experimentate şi reprezintă ceva nou pentru tine, atunci curiozitatea poate să îţi afecteze alegerile. Nu ştii niciun detaliu despre ceea ce ţi s-a propus, de aceea, creierul nu are nicio convingere prin care să facă verificări. Prin urmare, rămâne doar o singură posibilitate, şi anume alegerea din curiozitate. Cum te vei raporta tu la ea? Încerci să vezi cum este, oricum nu ai nimic de pierdut, sau o vei trece printr-un set de întrebări care te vor ajuta să alegi bine? Este absolut normal să încerci, însă dacă se întâmplă să o încerci şi să te afecteze negativ?

Răspunzând la un set de întrebări, diminuezi şansele unei alegeri greşite. Din acest motiv, nu alege niciodată dacă eşti nesigur, ci pune persoanei care ţi-a făcut propunerea întrebări prin care să afli detalii. Făcând astfel, îţi formezi o imagine despre posibilele pericole, dar şi despre beneficii. În acelaşi timp, vei putea să descoperi avantajele sau dezavantajele, în funcţie de propunerea oferită. Cert este că odată ce întrebările sunt puse, riscul unei alegeri greşite scade exponenţial. Curiozitatea funcţionează cel mai bine, mai pozitiv şi mai benefic atunci când este însoţită de întrebări înţelepte.

Ceea ce trebuie să ştiţi este că fiecare dintre noi punem întrebări când ne aflăm într-o astfel de situaţie. Dacă însă întrebările nu sunt direcţionate conştient la subiect, atunci ele vor fi direcţionate de subconştient, ceea ce va face ca alegerea să fie pripită. Una este să te laşi condus de subconştient, punând întrebări nespecifice (neclare), şi alta este să fii călăuzit specific de conştientul tău (partea cea mai puternică), punând întrebări la subiect. Alegând conştient înseamnă să ai un principiu, o convingere despre felul în care te raportezi la curiozitate. Este o mare diferenţă între a lua decizii pe baza unor principii şi a lua decizii pe baza simţurilor sau a ceea ce viaţa îţi scoate în faţă.

„Alege conştient şi vei trăi elocvent”.

Emoțiile

Controlarea emoțiilor de moment este o disciplină pe care fiecare dintre noi ar trebui să o adoptăm ca stil de viață. Mulți oameni mai întâi acționează și abia apoi gândesc. O astfel de strategie aduce adesea dezamăgire, pentru că starea de moment influențează alegerile unei persoane. Pentru rezultate foarte bune, obținute din alegeri foarte bune, trebuie să învățăm să gândim înainte de a acționa.

Primul și cel mai important lucru pe care trebuie să îl realizezi este că tu ești singurul stăpân peste emoțiile tale. Nimeni nu poate să-ți influențeze emoțiile, fără permisiunea ta. Persoanele din jur, lucrurile, circumstanțele, locul în care te afli pot să conducă la o anumită stare, dar numai dacă tu permiți acest lucru. Tu ești cel care decide ce vei simți.

În viață, alegerile sunt influențate de starea emoțională pozitivă sau negativă, prin care trecem într-un moment anume.

Starea pozitivă - sunt momente în care ești extrem de fericit și de binedispus, ca urmare a unei experiențe pozitive prin care treci. Ești atât de entuziasmat și de pasionat, încât nimic nu ar putea să te oprească din a face ceea ce ți-ai propus, sau ceea ce visezi. Nimeni și nimic nu te poate afecta, indiferent ce ţi-ar spune. Acea stare dă o interpretare pozitivă cu privire la informaţiile care vin la creier, nepermiţând negativismului să te influenţeze.

Starea negativă - sunt momente în care eşti atât de căzut şi de deprimat, încât nimic nu îţi place. Tot ce este în jurul tău te irită, creându-ţi disconfort. Sunt acele momente în care starea sentimentală este atât de negativă, încât totul devine negativ în jurul tău. Nu-i aşa că şi tu ai experimentat situaţii în care ai fost atât de nervos, de agitat şi de rănit, încât nu ai mai putut să-ţi controlezi sentimentele şi ai spus tot felul de cuvinte urâte cuiva care nu avea nimic de-a face cu situaţia prin care treceai, ci dimpotrivă, a încercat să te ajute? După un timp, mai lung sau mai scurt în funcţie de gravitatea situaţiei, totul a revenit la normal. Ai trecut peste acea stare, iar acum înţelegi ce greşeală ai făcut şi îţi pare rău că ai vorbit urât sau că ai acţionat urât, creând disconfort şi altor persoane sincere, care voiau doar să te ajute. Acest proces se numeşte „stare de moment" şi te-a influenţat fără ca tu să realizezi.

Starea sentimentală poate să ne influenţeze pozitiv sau negativ în luarea deciziilor. Pentru a lua cele mai bune decizii, asigură-te că niciodată nu alegi sub presiune. Dacă se întâmplă să fii într-o stare necorespunzătoare, amână orice fel de alegere, deoarece sub presiune, creierul nu poate să aleagă logic. Alegerea va fi influenţată de starea în care te afli, iar sub presiune facem de obicei cele mai mari greşeli, care ne afectează ulterior şi pe care apoi le regretăm. Sub presiune vobeşti urât partenerului, strigi la copii, faci investiţii păguboase, pierzi controlul asupra gândurilor. Presiunea creează stres şi agitaţie, de aceea, alegerile sub presiune aduc împreună cu ele experienţe negative. În ce mă priveşte, eu am hotărât ca niciodată să nu iau decizii, atâta vreme cât nu sunt în starea corespunzătoare.

Întotdeauna când te afli într-o conversație care nu poate fi controlată, este mai bine să te retragi şi să revii după ce intensitatea a scăzut, iar tu ai redobândit starea de linişte. Poți să fii într-o discuție cu partenerul pe care îl iubeşti enorm şi totuşi, dacă nu schimbi subiectul, vei continua într-o direcție care vă va afecta relația. Dacă o poți controla, foarte bine, însă dacă nu, opreşte-o chiar acolo, retrage-te şi revino peste câteva secunde sau minute; în mod sigur, în cele mai multe cazuri nu va mai fi nevoie să o reluați, deoarece veți înțelege că nu are sens.

Aproximativ 90% din relații (de căsătoric, dc prietenie, de familie, sociale etc.) se distrug din cauza conversațiilor care o iau razna. Majoritatea conflictelor izbucnesc din cauza tonului vocii şi a atitudinii şi doar o mică parte sunt provocate de diferențele de opinii. Dacă îți vei înfrâna emoțiile controlându-ți starea sentimentală, atunci vei controla 90% din conflictele cu partenerul tău. Imaginează-ți plusul pe care îl vei aduce relației, prin armonia şi pacea pe care o veți experimenta. Fiecare ceartă, indiferent de mărimea ei, scade din intensitate iubirea din interiorul relației, prin urmare, scopul tău ar trebui să fie o stare sentimentală pozitivă, în orice situație.

Dacă nu poți să controlezi starea emoțională în care te afli, nicio problemă, retrage-te şi revino oricând vrei. Rezultatele vor fi diferite. Trebuie să înțelegi că partenerul tău, prietenul tău sau oricare altă persoană poate să se afle într-o stare de indisponibilitate, din cauza unor lucruri prin care trec şi despre care tu nu ştii nimic. Cu alte cuvinte, ei sunt aşa ca urmare a unor situații dificile. Aşadar, nu fii o persoană care pune paie pe foc, ci una care stinge focul, pentru că, făcând aşa, diminuezi posibilitatea apariției arsurilor.

Aminteşte-ţi întotdeauna că oamenii au motive pentru care sunt în starea respectivă, motive pe care tu nu le cunoşti. Tot ce trebuie să faci este să fii lângă ei într-un mod pozitiv, indiferent de circumstanţe.

Din păcate, eu am crescut într-un mediu în care, atunci când cineva experimenta o încercare, sau trecea printr-o problemă, majoritatea ştiau de ce. Unii spuneau că merită, alţii îl acuzau pentru alegerile greşite, alţii spuneau că este din cauza păcatului, iar alţii inventau tot felul de motive. Doar unul sau doi recunoşteau că nu ştiu de ce se întâmplă acele lucruri, dar erau dispuşi să ajute.

Tu ce fel de persoană eşti? Oamenii au ales greşit şi continuă să aleagă greşit, însă noi avem un avantaj pe care nimeni nu ni-l poate lua, şi anume acela de a decide cum să ne raportăm la alegerile lor. Poate eşti afectat de hotărârile celor din jurul tău, şi totuşi, tu ai puterea de a schimba experienţele şi emoţiile prin felul în care te raportezi la evenimente. John Maxwell a spus că fiecare persoană poartă cu ea două canistre. Una de benzină şi una de apă. În fiecare situaţie în care un foc se aprinde, trebuie să alegi ce foloseşti. Foloseşti apa pentru a stinge focul iscat, sau benzina care va crea un adevărat incendiu, din care vor rezulta arsuri pentru tot restul vieţii?

Dacă se întâmplă să te afli sub presiune, fiind nevoit să faci o alegere pe moment, adică este o urgenţă, şi nu ştii exact ce să faci, atunci mai bine te scuzi pentru câteva clipe şi ieşi afară din încăpere, dacă se poate. Stai singur preţ de câteva secunde (minute), în funcţie de situaţie, şi meditează în linişte. Dacă nu este posibil acest lucru, atunci îndreaptă-te spre un geam, deschide-l şi trage aer în piept preţ de câteva momente, inspirând şi expirând. Când aerul intră cu putere în piept, în mod repetat, creierul se oxigenează şi preia controlul asupra emoțiilor, acordându-ți posibilitatea de a folosi din nou logica. Dacă în schimb te afli sub presiune și nu poți să te retragi sub nicio formă din conflictul în care te afli, atunci este vital să oprești imediat orice fel de legătură cu el și să îți schimbi concentrarea pe ceva pozitiv. Poate să fie o experiență frumoasă din viața ta, o glumă bună pe care cineva ți-a spus-o, sau un lucru oricât de banal...

Sunt situații în care starea în care te afli este continuă. Poate să fie vorba despre o pierdere materială, financiară sau fizică, adică ai pierdut pe cineva drag, ai trecut printr-un divorț, ai primit un raport medical nefavorabil. Indiferent din care parte vine pierderea, ea îți produce foarte multă suferință și presiune, ceea ce îți va influența alegerile. De aceea, pentru a te asigura că nu vei alege greșit, în special dacă trebuie să iei decizii semnificative, caută o persoană în care te încrezi și care îți este apropiată. O persoană care a fost și este lângă tine și care îți vrea binele. Consultă-te cu ea. Toți oamenii de succes pe care tu îi vezi, au în spatele lor un mentor care îi ajută în deciziile lor. Te încurajez și pe tine să îți găsești un astfel de mentor, în special atunci când te afli în momente în care starea emoțională este instabilă. Acea persoană te va ajuta să faci cele mai bune alegeri și să treci peste orice pierdere sau suferință.

Rămâi pozitiv! Înțelegând starea emoțională și influența pe care ea o are asupra alegerilor tale, vei înțelege importanța optimismului. Încearcă să rămâi optimist indiferent de situație, chiar și atunci când treci printr-o problemă. Întreabă-te ce vrea Dumnezeu să te învețe prin acea încercare. În ce mă privește, indiferent de situațiile prin care am trecut, am văzut întotdeauna în viața mea că Dumnezeu a avut un scop ascuns în spatele dificultăților și a provocărilor, care ulterior s-au dovedit a fi spre ridicarea mea, iar nu cum mi-am imaginat eu în acele clipe.

Niciodată să nu definești situația prin care treci în funcție de sentimentele pe care le experimentezi, deoarece concluzia poate fi eronată. Ea îți va determina acțiunea, iar acțiunea va determina consecința. Nu cred că vrei să alegi influențat de sentimentele de moment, care astăzi vin, iar mâine pleacă. Dimpotrivă, așteaptă și vezi ce poți să scoți pozitiv din experiența prin care treci. Aici nu vorbesc despre consecințele pe care deja le experimentezi ca rezultat al propriilor alegeri, ci mă refer la situațiile în care altcineva a luat decizii, dar ai fost afectat și tu. Felul în care te simți la un moment dat poate să-ți influențeze alegerea.

Sentimentele sunt parte din fiecare moment pe care îl experimentăm, de aceea, este foarte important să înțelegem cum funcționează și care sunt cele mai bune emoții pe care ar trebui să le adoptăm, pentru a reuși să creăm viața pe care am visat-o. Oamenii caută în mod constant fericirea în tot felul de lucruri, dincolo de propria lor persoană, pe când realitatea este că fericirea se află în noi. Fericirea este în tine și tot ce trebuie să faci este să o eliberezi din sentimentele pozitive pe care le cultivi. Sunt șapte tipuri de sentimente pozitive și șapte negative:

- sentimente pozitive - iubire, speranță, credință, entuziasm, loialitate, dorințe, aspirații;

- sentimente negative - frică, gelozie, ură, răutate, răzbunare, superstiție, îngrijorări.

Dacă le vei cultiva pe cele pozitive, vei ajunge nu doar o persoană fericită, ci și o persoană de succes și împlinită.

Emoțiile sunt rezultatul stărilor sentimentale pe care mintea le adoptă în funcție de permisiunea ta. Fiecare emoție negativă poate să însemne pierderi enorme, dacă nu este respinsă. Emoțiile pozitive sunt cele care îți oferă motivul pentru care să trăieşti, energia de care ai nevoie şi pasiunea care îţi creează fluturi în stomac, când te gândeşti la reuşitele care te aşteaptă în viitor. Pozitive sau negative, emoţiile au o putere remarcabilă care, odată experimentată, ajunge să te conducă. Ele au puterea de a te motiva să mergi înainte, atunci când toţi ceilalţi s-au oprit. Dacă sunt controlate, te vor conduce pe culmile succesului, în caz contrar însă te vor destina eşecului.

A-ţi controla emoţiile înseamnă a le supune valorilor, înţelepciunii şi credinţei tale. A nu le controla dăunează grav alegerilor. Dacă emoţiile negative trebuie respinse, atunci cele pozitive trebuie controlate, adică trebuic să te disciplinezi ca să le controlezi tu pe ele, nu ele pe tine. Chiar dacă simţi că vrei să mănânci în plus, te vei limita, pentru că nu vrei să faci rău sănătăţii tale. Chiar dacă hormonii o iau razna în corpul tău, vei controla aceste emoţii, pentru că nu vrei să faci o alegere costisitoare, care să-ţi încalce moralitatea, dar şi valorile. Chiar dacă simţi nevoia să izbucneşti şi să răspunzi persoanei care te calcă pe nervi, vei rămâne pozitiv, sau chiar îi vei răspunde pe un ton încurajator, aşa încât să o uimeşti. Scopul controlului emoţiilor nu este eliminarea lor, ci dimpotrivă, ordonarea lor într-o manieră care să conducă la cele mai bune alegeri.

Cum influenţează emoţiile alegerile noastre?

Foarte mulţi oameni aleargă în viaţă după fericire. Ei şi-au transformat viaţa într-o cursă al cărei scop este să atingă marele premiu numit fericire. Din păcate, aceşti oameni nu vor reuşi niciodată să câştige premiul cel mare, deoarce el nu există. Fericirea nu este un premiu care poate fi câştigat, ci este un rezultat. Premiul în viaţă este viaţa însăşi.

Dumnezeu ne-a dat această viață în dar, ca să o trăim frumos și să ne bucurăm de ea. Prin urmare, scopul tău ar trebui să fie o viață trăită frumos. Fericirea este doar rezultatul alegerilor pe care le facem. Lucrul pe care hotărâm să ne concentrăm în mintea noastră va determina dacă vom fi fericiți sau nu. Dacă te focalizezi pe fiecare lucru frumos pe care Dumnezeu l-a pus în tine, atunci vei fi fericit. Nu statutul social, nu cariera sau starea materială îl definesc pe un om, ci gândurile pe care le acceptă ca realitate.

Dacă în mintea ta vei accepta șoaptele diavolului („Nu ești suficient de bun, de inteligent!", „Nu vei reuși niciodată!", „Nimeni nu te iubește!" și așa mai departe), atunci nu vei fi niciodată fericit. Aceste gânduri nu au alt scop decât să te facă să te simți mizerabil, iar fericirea ta este determinată de felul în care te simți. Dacă ești cuprins de emoții pozitive, energice și distractive, atunci te vei simți foarte fericit, în caz contrar te vei simți nefericit.

Îți amintești de ziua în care ai fost cel mai fericit sau cea mai fericită persoană din lume? A fost probabil ziua în care ți-ai întâlnit partenerul, în care ți s-a născut primul copil, în care ți-a fost acceptat CV-ul la noul loc de muncă, în care ai câștigat o medalie, în care ai ajutat o persoană... Indiferent care a fost evenimentul, cu siguranță că și tu ai trecut prin așa ceva. Fericirea pe care ai experimentat-o în acea zi nu a fost altceva decât rezultatul emoțiilor pe care le-ai simțit. Ceea ce vreau să spun este că emoțiile sunt cele care determină cât de fericiți sau de mizerabili ne simțim, cât de satisfăcuți sau de dezamăgiți suntem de viața pe care o trăim.

Simțămintele noastre, adică starea sentimentală în care intrăm, sunt declanșate de trei lucruri pe care le facem în fiecare clipă:

1) Gândurile pe care ne focalizăm

Emoțiile sunt generate de gânduri, iar gândurile, la rândul lor, sunt generate de emoții. Din fiecare gând pe care te concentrezi rezultă felul în care te simți în fiecare moment, iar din felul în care te simți în fiecare moment rezultă felul în care percepi lucrurile din jurul tău. Mai apoi, acestea îți influențează alegerile, care nu sunt altceva decât decizii luate în mintea noastră, bazându-ne pe ceea ce am perceput.

Gândurile generează emoții și sunt rezultatul funcționării celor cinci simțuri: văzul, auzul, mirosul, gustul și pipăitul. Creierul primește informații prin cele cinci simțuri și dă naștere gândurilor, care apoi se transformă în percepții. Percepția finală conduce la starea în care te afli în fiecare moment. Cu alte cuvinte, definiția pe care o dăm experiențelor, situațiilor, lucrurilor este determinată de stare. De exemplu, dacă te afli într-o stare plictisitoare, totul în jur ți se va părea plictisitor. Dacă afară este cer senin și un soare strălucitor, te simți mult mai energic decât în cazul unui cer posomorât și înnorat. O vreme ploioasă ne influențează starea generală, de aceea suntem mai somnoroși și mai mohorâți într-o astfel de zi.

Orice lucru cu care avem contact prin cele cinci simțuri ne determină starea, iar starea influențează interpretarea pe care o dăm acelui lucru. Acesta este motivul pentru care patru oameni care se uită la același obiect, interpretează diferit ceea ce văd. Unuia i se pare distractiv, altuia plictisitor, altuia iritant, iar altuia interesant. Toate răspunsurile sunt influențate de starea în care ei se află. Emoțiile pe care le simt influențează felul în care percep acel lucru.

Cu siguranță că ți s-a întâmplat și ție să privești ceva, sau să vizitezi un anumit loc și să ți se pară foarte plictisitor, pentru ca mai târziu să experimentezi o stare total diferită pentru același lucru. Dacă prima dată ți s-a părut o pierdere de timp, acum te-ai simțit minunat, dar nu știi de ce. Motivul este că starea în care te-ai aflat a fost diferită.

De foarte multe ori ne întrebăm de ce aproapele nostru nu poate să vadă partea plină a paharului, sau partea pozitivă, ca noi. În cazul lui, emoțiile prin care trece i-au format o stare sentimentală diferită de a noastră. Ele au influențat înțelesul pe care l-a dat lucrurilor, precum și percepția asupra acestora.

O femeie avea doi fii, care și-au deschis două afaceri diferite. Unul dintre ei a început o afacere cu sandale, iar celălalt, o afacere cu umbrele. Mama acestor fii însă era întotdeauna tristă, indiferent de vreme. Fie că ploua, fie că era soare, ea era tot tristă. Într-o zi, unul dintre vecini s-a hotărât să o întrebe de ce este tristă tot timpul. Femeia i-a răspuns: „Știi, eu am doi fii și fiecare are câte un business. Când plouă, sunt tristă pentru că afacerea cu sandale a fiului meu nu merge bine. Când este soare, sunt tristă pentru că afacerea cu umbrele a celuilalt fiu al meu nu merge bine. Oamenii nu cumpără umbrele dacă timpul este frumos, așa că eu nu pot să fiu fericită niciodată”. Vecinul s-a uitat la ea și i-a răspuns entuziasmat: „Ar trebui să fii întotdeauna fericită, deoarece, indiferent de vreme, fiii tăi tot fac bani. Acesta este un motiv de bucurie. Dacă plouă, merge afacerea celui cu umbrele, iar dacă este soare, merge afacerea celui cu sandale. Așadar, unul dintre ei tot câștigă!”

Morala acestei ilustrații este simplă: oricare sunt circumstanțele, eu și tu putem să fim bucuroși, dacă alegem partea pozitivă. Lucrul pe care ne focalizăm va determina ceea ce simțim, de aceea, ceea ce contează cu adevărat nu sunt circumstanțele, ci felul în care noi le percepem în mintea noastră. Dacă mintea percepe ceva pozitiv, atunci ea generează ceva pozitiv; la fel, dacă percepe ceva negativ, generează negativ. Pozitivul sau negativul provoacă emoțiile. Dacă vrei să te asiguri de un control asupra emoțiilor, atunci trebuie să te asiguri de un control asupra gândurilor. Dacă îți controlezi gândurile, îți controlezi emoțiile. Important este ca tu să determini ceea ce vezi, guști, miroși, auzi și pipăi și nu invers.

De obicei, cei mai mulți dintre noi suntem conduși de sentimente, nu noi ne conducem sentimentele. Să nu uităm că din informațiile nefiltrate vor rezulta stări emoționale bazate pe momente și pe circumstanțe. Cu alte cuvinte, stările negative și de indispoziție pe care le avem nu sunt altceva decât emoții extrase din informațiile pe care mintea le-a primit. Dacă vrei să experimentezi o viață diferită, ia în considerare controlul asupra emoțiilor. Mottoul tău în viață ar trebui să fie: „Eu îmi controlez emoțiile, nu emoțiile mă controlează pe mine".

Exercițiu: Pentru ca să înțelegi cum funcționează gândurile, îți sugerez acest exercițiu. Încearcă pentru o zi să te concentrezi în mintea ta doar pe lucrurile pozitive. Interpretează pozitiv tot ce vezi. Trezește-te de dimineață și spune-ți: „Astăzi este o zi splendidă, eu mă simt minunat, sunt foarte deștept și am să reușesc multe". Încearcă toate aceste lucruri și vei observa că ziua respectivă va fi una dintre cele mai productive zile pe care le-ai avut vreodată, iar tu te vei simți cel mai fericit om de pe pământ. Uită pentru o zi de toate problemele de acasă sau de la serviciu și bucură-te de o zi frumoasă. Amintește-ți că Dumnezeu ți-a dat harul să trăiești fiecare zi cel puțin la fel de frumos.

2) Tonalitatea vocii

Dumnezeu te-a binecuvântat cu un membru numit limbă. În comparație cu alte membre, el este mic, dar mai puternic decât toate celelalte, datorită impactului și a influenței pe care le poate avea atât asupra ta, cât și asupra celorlalți din jurul tău. Biblia spune despre ea că este un mădular mic, care poate aprinde un foc mare. Vocea noastră poate să devină fie cel mai bun prieten, fie cel mai crunt inamic al nostru, în funcție de alegerea pe care o facem. Vocea poate să conducă la reușită sau la eșec. Ceea ce primează în fiecare moment în care comunicăm este tonalitatea vocii. Ea determină trei lucruri:

• Emoțiile și stările mele

Felul în care îți folosești vocea dă naștere emoțiilor pe care le simți. Dacă îmi folosesc vocea într-un fel energic și entuziast, atunci emoțiile mele și starea mea se vor transforma în sentimente energice și entuziasmate. Creierul îmi percepe vocea prin simțul auditiv, interpretează și apoi acționează, retrimițând semnale de acțiune simțurilor din corpul meu, în felul următor:

- dacă este vorba de o voce rigidă, el va transmite în corp emoții sub formă de rigiditate,

- dacă percepe pasiune în tonalitatea adoptată, va transmite în corp sentimente pasionale,

- dacă percepe frică și nesiguranță, va transmite emoții de frică și de nesiguranță,

- dacă percepe cuvinte pline de negativism, va transmite în corp emoții negative,

- dacă percepe sensibilitate în vocea ta, atunci va transmite emoții sub formă de sensibilitate,

- dacă va percepe agitație și neliniște, atunci îți va transmite emoții de agitație și neliniște,

- dacă va percepe fericire şi râs, atunci îmi va transmite emoţii de fericire şi binedispunere.

Într-un cuvânt, creierul tău este cel mai fidel prieten cu care te-a înzestrat Dumnezeu. El niciodată nu te va sabota în vreun fel, ci dimpotrivă, întotdeauna va acţiona pe baza a ceea ce tu l-ai lăsat să creadă că este adevărat sau benefic pentru tine, în fiecare moment din viaţă. Dacă vrei să experimentezi emoţii pozitive care te vor introduce în stări pozitive, atunci trebuie să alegi conştient ce fel de tonalitate adopţi în fiecare moment, deoarece va determina ceea ce vei simţi.

• Emoţiile şi stările extrase din cercul în care mă aflu

De exemplu, dacă te afli într-un cerc în care persoanele din jurul tău vorbesc agresiv, vei adopta şi tu tonul lor şi vei vorbi agresiv. Dacă te afli într-un anturaj în care persoanele zâmbesc şi glumesc, adoptând un ton de binedispunere şi fericire, vei ajunge şi tu să experimentezi aceleaşi emoţii, iar dacă te afli într-o companie în care conversaţia este plictisitoare, vei deveni şi tu plictisit. Poţi să fii foarte binedispus şi entuziasmat, dar dacă starea celor din anturajul în care intri este complet diferită de a ta, o vei prelua şi tu, mai devreme sau mai târziu.

A nu adopta stările celor din jurul tău înseamnă fie a respinge semnalele pe care creierul le primeşte şi a le înlocui cu gânduri pozitive şi energice, fie a părăsi cercul cât mai repede. În orice fel de anturaj te-ai găsi la un moment dat, mai devreme sau mai târziu vei adopta atitudinea şi starea celor care te acompaniază.

Gândeşte-te la fiecare conflict pe care l-ai avut până în prezent sau la schimburile de vorbe nepotrivite, pe care le regreţi. Toate acestea puteau fi evitate, dacă ştiai cât de important este tonul şi cum îţi afectează emoţiile. Tot ce trebuia să faci în acele momente era să nu îți lași creierul să perceapă agitația din tonul celui cu care te-ai certat și în doar câteva clipe ai fi experimentat reconcilierea. Indiferent cât de agitată este persoana cealaltă, dacă tu nu reacționezi și îți păstrezi calmul în voce, ea va fi influențată. Încearcă lucrul acesta pentru tine, iar data viitoare când asiști la un astfel de conflict, vei vedea cât vei avea de câștigat în relația ta cu partenerul, cu copiii, cu prietenii, cu colegii, cu oricine.

Majoritatea conflictelor pe care le-ai avut până în prezent au rezultat din tonul pe care l-ai preluat din schimbul de vorbe. Cuvintele pe care le spunem au asupra celorlalți un impact mai mic decât felul în care le spunem. Ceea ce contează mai mult decât orice este tonul pe care le spunem, deoarece creierul celui cu care vorbim „simte" emoția pe care o transmitem. Nu gluma este cea care face diferența, ci tonul cu care o spunem și care creează emoție ascultătorilor.

Pentru ca să inspiri încredere și dorința de a te avea lângă ei, oamenii au nevoie să știe că tu ești persoana pe care ei o căutau, iar acest lucru va rezulta din emoțiile pe care le experimentează atunci când vorbesc cu tine. Fie că este vorba de un interviu, de un contract sau de o discuție amicală, felul în care vorbești determină succesul tău. Atunci când te afli în fața unei persoane, asigură-te că ești într-o stare care îi va influența emoțiile în mod pozitiv. Oamenii te plac sau nu în funcție de emoțiile pe care le simt cu privire la tine, iar vestea bună este că ei le extrag din emoțiile pe care tu le transmiți prin tonalitate, adică prin felul în care vorbești și prin limbajul trupului tău.

• Emoțiile și stările pe care le transmit celor din jur

Cu toții avem prieteni sau persoane favorite. Fiecare dintre noi, în mod instinctiv, căutăm compania prietenului glumeț, pozitiv sau binedispus, deoarece știm că în prezența lui ne simțim bine. Unii oameni pot să scoată ceva simpatic din orice lucru, prin felul în care se exprimă. Foarte mulți cred că cel mai important lucru în comunicare, în conversație sau în prezentarea unui mesaj este conținutul, când, de fapt, ceea ce contează cel mai mult este felul în care este eliberat. Același mesaj poate să devină plictisitor sau înviorător, în funcție de tonalitatea și de atitudinea celui care îl eliberează. Ca exemplu, acum înțelegi de ce profesorul tău favorit este cel care glumește, cel entuziasmat, cel care zâmbește întotdeauna. Tot la fel, indiferent cât de binedispus ai fi, atunci când vine un profesor plictisit și molești, ești copleșit de astfel de stări. Tonalitatea vocii pe care o adoptă un profesor conduce la succesul asimilării mesajului transmis.

Pentru ca mesajul tău să fie primit de cel care îl ascultă, el trebuie mai întâi să treacă de creierul persoanei respective, care interpretează dacă emoțiile transmise sunt de interes sau nu. Fie că ești prieten, afacerist, profesor, părinte sau partener, tu trebuie să înțelegi că ceea ce transmiți în jurul tău, chiar și printr-un lucru mic precum tonalitatea vocii, contează foarte mult, deoarece are puterea de a hotărî dispoziția celor din jurul tău.

Te încurajez să înveți importanța exprimării prin voce și să faci o alegere prin care să decizi ca de azi înainte să fii persoana care răspândește pozitivism, fericire, entuziasm, pasiune, iubire în viețile semenilor. Tot ce trebuie să faci este să vorbești diferit de cum ai vorbit până acum și cu siguranță că oamenii vor dori compania ta mai mult decât orice. Dumnezeu ne-a creat o familie. Cu toții suntem parte din aceeași familie, numită omenire, de aceea, fiecare dintre noi ar trebui să răspândim în jurul nostru iubirea, la fel cum și Isus a răspândit-o.

Exerciţiu: Pentru a te asigura că îţi stăpâneşti atitudinea în fiecare situaţie, te provoc să încerci intenţionat de câteva ori următorul exerciţiu. În felul acesta vei transforma ceea ce ai învăţat, într-o convingere care se va depozita în subconştient, iar când vei ajunge în momente asemănătoare, creierul îţi va da soluţia imediat. Uită-te după indicii atunci când vorbeşti cu oamenii. Încearcă să ridici tonul şi să îl cobori, adoptă un ton ridicat, plin de energie, apoi unul plictisitor. În fiecare caz, uită-te atent la reacţiile interlocutorilor şi vei vedea cum vor fi afectaţi de tonul pe care îl adopţi. Transformă-ţi vocea într-un prieten.

3) Limbajul trupului şi fizionomia feţei

Limbajul trupului şi fizionomia feţei reprezintă a treia componentă care contribuie la crearea emoţiilor. Fizionomia înseamnă expresia feţei, iar limbajul trupului se compune din gesturi şi postură.

• Expresia feţei mele şi a trupului meu îmi afectează emoţiile

Dacă adopt o ţinută plictisitoare, voi deveni plictisit, dacă adopt una moleşitoare, devin moleşit, dacă adopt una energică, devin energic. Ţinuta îmi va transforma sentimentele, adică va determina ce fel de emoţii voi experimenta. Dacă îmi ţin pieptul în faţă şi umerii drepţi, mă voi simţi încrezător şi curajos, deoarece astfel indic creierului meu că sunt sigur pe mine. Dacă am o faţă posomorâtă, umerii plecaţi şi spatele lăsat, mă voi simţi plictisit şi obosit, deoarece îmi sugerez că nu am suficientă energie. Dacă îmi pun un zâmbet pe buze, deşi sunt foarte supărat, voi experimenta sentimente de fericire şi mă voi simţi pozitiv. Dacă sunt foarte plictisit, dar adopt o postură energică, mă voi simţi energic, deoarece creierul îmi va transmite astfel de emoţii.

Gândeşte-te că tot ce simţi este influenţat de atitudinea pe care o adopţi. Adoptă o atitudine de frică şi vei simţi frica; adoptă o atitudine de stres şi te vei simţi stresat. Dacă până acum ai simţit ce ai simţit este pentru că fără să îţi dai seama ai transmis creierului semnalele respective. Eu şi tu avem puterea de a ne influenţa stările emoţionale, de aceea, dacă se întâmplă să ai o zi proastă, adu-ţi aminte că ţi se datorează ţie, iar dacă se întâmplă să ai o zi bună este tot datorită ţie. Dumnezeu a pus în tine tot ce ai nevoie pentru a transforma fiecare zi pe care o trăieşti într-o amintire plăcută. Imaginează-ţi cum ar arăta viaţa ta dacă la sfârşitul fiecărei zile ai putea să spui: „Dumnezeule, Îţi mulţumesc că azi am avut o zi minunată împreună cu Tine". Nu-i aşa că ar fi minunat? Cu siguranţă vei putea să faci acest lucru dacă vei înţelege importanţa atitudinii pe care o adopţi.

• **Expresia feţei mele şi a trupului meu afectează emoţiile celor din jur**

Nu doar tu ai putea să experimentezi o viaţă minunată, ci şi cei din jurul tău, deoarece fizionomia ta şi tonalitatea vocii creează în mod involuntar emoţii. De exemplu, zâmbetul pe care îl pui pe buze poate să creeze emoţii pozitive persoanelor pe care le întâlneşti. Fiecare dintre noi răspândim emoţii, iar vestea bună este că noi decidem ce fel de emoţii. Putem răspândi fericire, energie, entuziasm, zâmbete sau, din contră, stres, îngrijorare, agitaţie, frică. Alege să fii persoana care provoacă emoţii pozitive, oriunde te afli. Prin atitudinea ta poţi să transmiţi fie o fărâmă din bunătatea lui Dumnezeu, fie una din gustul amar al diavolului.

Şi tu poţi să contribui cu ceva în vieţile oamenilor, chiar dacă nu îi vei cunoaşte niciodată. Un zâmbet în trecere poate să schimbe ziua cuiva; un gest frumos poate să îi schimbe starea. Alege o atitudine pozitivă, dacă vrei să-i inspiri pozitiv pe alţii.

• Expresia feţei şi a trupului celor din jur îmi afectea-
ză emoţiile

Ţi s-a întâmplat vreodată să intri într-un cerc în care
persoanele respective căscau şi aveau feţele plictisite sau
obosite? Mie mi s-a întâmplat de foarte multe ori, şi cred că
şi ţie. Ceea ce am putut să observ în aceste situaţii a fost că
oricât de energic eram, după doar câteva minute petrecute
în prezenţa lor deveneam ca ei. Începeam să casc şi adop-
tam o postură plictisitoare şi obositoare. Prin intermediul
ochilor, creierul meu a fost informat cu privire la stările
celor din jur şi mi-a transmis o stare similară.

Creierul este cel care determină fiecare emoţie pe ca-
re o simţi, conform informaţiilor pe care le primeşte. Dacă
el percepe o stare de plictiseală şi oboseală, ţi-o va transmi-
te şi ţie. În cazul în care nu o vei respinge în mod intenţio-
nat, te vei trezi plictisit şi obosit, deşi înainte aveai o stare
diferită. Cu fiecare persoană pe care o întâlneşti şi din fieca-
re loc în care mergi, în fiecare clipă, tu asimilezi informaţii
şi în funcţie de acestea, creierul îţi creează emoţii. Dacă lu-
crezi într-un mediu în care oamenii sunt stresaţi, mai de-
vreme sau mai târziu şi tu vei deveni stresat. Dacă lucrezi
într-un loc în care oamenii sunt fericiţi, distractivi şi ener-
gici, şi tu vei deveni la fel. Dacă lucrezi într-un loc în care
persoanele sunt negativiste, dar nu vrei să te laşi afectat de
stările lor, ai doar două alternative: ori îţi cauţi alt loc de
muncă, ori te influenţezi tu pe tine şi emoţiile tale, prin
atitudinea pe care o adopţi în ciuda mediului. Tu ai puterea
de a hotărî ce va prelua creierul tău, prin adoptarea unei
fizionomii, a unei mentalităţi şi a unei tonalităţi pozitive.

Cei mai mulţi ne trăim viaţa în funcţie de circumstan-
ţe. Dacă acestea sunt de aşa natură încât să fiu pozitiv, sunt

pozitiv, dacă sunt dezamăgitoare şi dureroase, am să fiu şi eu la fel. Nu lăsa ca cel mai preţios dar pe care l-ai primit de la Dumnezeu, darul numit viaţă, să fie influenţat de circumstanţe. Ori stabileşti tu ce să simţi în fiecare situaţie, ori situaţiile vor hotărî ce să simţi. Alege în schimb ca tu să influenţezi circumstanţele, prin atitudinea pe care o adopţi. Alege tu emoţiile şi stările pe care să le simţi. Alege ca indiferent de mediul în care vei intra, indiferent de starea celor din jurul tău, tu să continui să te concentrezi pe gânduri sănătoase, să adopţi o atitudine pozitivă, plină de entuziasm şi de pasiune şi o fizionomie energică. Dacă vei face aceste lucruri, vei deveni imun la cercurile în care vei intra, ba chiar mai mult, vei reuşi să le transmiţi lor propria ta stare energică, pozitivă şi distractivă.

Emoţiile şi stările în care ne aflăm hotărăsc ce vedem. Noi vedem partea plină sau partea goală a paharului, în funcţie de starea în care ne aflăm. O stare de bună dispoziţie aduce împreună cu ea recompense precum: pozitivism, creativitate şi alegeri profitabile, de aceea, pe ce te concentrezi vei experimenta ulterior, deoarce alegerile vor conduce la acţiune, iar acţiunile la experienţe.

De ce este important să ştii aceste lucruri? Pentru că au o influenţă asupra alegerilor noastre. Poţi să fii cel mai bun şi să ai cele mai bune convingeri despre partenerul tău sau despre oricine altcineva, dar cu toate acestea, starea de moment îţi va manipula convingerile. Poţi să ai cele mai bune obiceiuri, ceea ce este important, dar în acelaşi timp să uiţi de starea emoţională.

Încurajarea mea este să nu laşi pe nimeni să îţi influenţeze dispoziţia, pentru că astfel îţi va influenţa alegerile şi mai târziu vei regreta. Dacă se întâmplă totuşi să cazi pe moment într-o stare proastă, caută să o schimbi imediat ce ai observat-o. Nu o lăsa să îți strice ziua. Tu şi numai tu eşti stăpân pe alegerile şi pe emoțiile tale. Controlează-le!

Cum să-ți controlezi emoțiile şi să scapi de depresie

Depresia este o alegere inconştientă, pe care o faci tu însuți. Tu eşti cel care permite depresiei să te îngenuncheze. Pentru ca o persoană să devină depresivă, tot ce trebuie să facă este să accepte vocea negativă prin care diavolul încearcă să o convingă în mintea ei de toate lucrurile negative pe care i le-a şoptit în mod repetat, lucruri precum: „Nu valorezi nimic", Eşti nesemnificativ!", „Niciodată nu vei reuşi!", „Nimeni nu te iubeşte!", „Nu arăți suficient de bine!", „Vei sfârşi în faliment!"... Şi lista continuă.

Toate aceste şoapte pe care le primeşti în mintea ta vor prelua controlul asupra emoțiilor tale, iar din acel moment, starea sentimentală ți se va schimba şi vei sfârşi în depresie. Cea mai simplă metodă de a scăpa de depresie este să te asiguri că nu o vei accepta. Depresia rezultă din gândurile negative cu care eşti bombardat. Dacă le accepți şi te vei concentra pe ele, îți vor influența emoțiile, iar emoțiile îți vor afecta starea sentimentală. Pentru a evita căderea în depresie, trebuie să fii atent la următoarele lucruri:

1) Emoții - Pentru a-ți controla emoțiile şi stările de moment, trebuie să poți să le identifici atunci când apar. Odată ce starea de indispoziție, frică sau durere încearcă să îşi facă loc şi să pună stăpânire pe tine, trebuie să realizezi că este dăunătoare şi că te va afecta. Imediat ce ai conştientizat acest lucru vei putea să faci următorul pas.

2) Focalizare - Niciodată să nu rămâi concentrat pe emoţiile negative după ce le-ai identificat, deoarece îţi vor influenţa starea şi vei ajunge să cazi în depresie. Dacă ai identificat emoţiile, în următoarea secundă schimbă-ţi focalizarea pe orice altceva extrem de pozitiv şi de entuziasmant. Descoperă tu însuţi un moment din viaţă care ţi-a creat extrem de multă plăcere şi pozitivism, iar când starea de indispoziţie vine, schimbă concentrarea de la argumentele negative care îţi provoacă acea stare, la experienţele pozitive care te-au determinat să fii pozitiv în trecut. Totul se realizează în fracţiuni de secundă, de aceea trebuie să preiei controlul şi să conduci tu emoţiile, nu ele pe tine.

Depresia este rezultatul experienţelor negative experimentate de o persoană în trecut. Dacă eşti într-o stare de depresie, aceasta se datorează faptului că te laşi controlat de emoţiile negative. Ceea ce trebuie să faci este să scapi de acele emoţii prin preluarea controlului şi schimbarea focalizării de la negativ, la pozitiv.

3) Alternative - Orice persoană, oricât de depresivă ar fi, poate să scape de depresie atunci când va crea alternative pentru emoţiile care i-au controlat viaţa şi pentru alegerile pe care le-a făcut. Tot ce trebuie să faci este să schimbi focalizarea emoţiilor. Ori le controlezi tu pe ele, ori te vor controla ele pe tine. Cum poţi să creezi alternative? Ei bine, prin schimbarea convingerilor pe care le ai despre trecut, despre tine, despre alte persoane, despre lucruri sau despre orice altă experienţă negativă prin care ai trecut.

De obicei, depresia este asociată cu emoţiile negative create de interpretarea unor evenimente neplăcute sau dureroase din trecut, care au afectat şi afectează viaţa în mod continuu, până în prezent. Pentru a scăpa de acele stări negative, trebuie să le înlocuiești cu altele pozitive, adică să îți schimbi focalizarea. Fiecare emoție pe care o experimentăm poate fi negativă, sau pozitivă. Uită-te la scopul emoției respective, pentru ca să o înțelegi și să o redirecționezi, sau să scapi de ea cât de repede. Întreabă-te ce fel de sentimente îți provoacă, bune sau rele, iar dacă acestea nu sunt spre zidirea ta, elimină-le instantaneu, pentru că altfel îți vor afecta alegerile și convingerile. Aplicând această metodă, vei descoperi că întotdeauna în spatele emoției se află una dintre cele două forțe, diavolul sau Duhul Sfânt. Alege să te ghidezi prin Duhul Sfânt și vei trăi o viață exemplară, incredibilă, pozitivă și prosperă, împreună cu Dumnezeu.

În cele din urmă, depresia nu este altceva decât metoda prin care diavolul îi manipulează pe oameni, făcându-i să se simtă mizerabili, să creadă că sunt necalificați, nesemnificativi, sau că nu au valoare. Dacă te lupți cu aceste lucruri, trebuie să înțelegi că ele nu sunt altceva decât minciuni care nu au de-a face cu tine. Tu nu ești ceea ce el sau ea îți spune, ci ești ceea ce alegi să crezi că ești. Dumnezeu te numește arta lui. Alege să crezi ceea ce spune Dumnezeu că ești și să respingi tot ceea ce îți spun ei că nu ești. Gândește-te că singura modalitate de a fi ceea ce ești, este să nu fi ceea ce ei sunt. Fii pe deplin satisfăcut de ceea ce ești și gândește-te că nici ei nu vor putea fi niciodată ceea ce tu ești. Înseamnă că ar trebui să fii mândru de persoana pe care o reprezinți.

În concluzie, ar trebui să știi două lucruri:

a) Depresia este o alegere pe care o fac conștient, de fiecare dată când hotărăsc să mă concentrez pe gânduri negative, pe o tonalitate negativă și pe o fizionomie negativă.

b) Depresia poate fi eliminată pentru totdeauna, dacă aleg în mod conștient să mă concentrez pe gânduri pozitive, dacă aleg o tonalitate pozitivă şi o fizionomie pozitivă.

Alege în loc de depresie o atitudine energică, pozitivă, distractivă, ştiind că aceasta nu este altceva decât alegerea de a te concentra pe ceea ce spune Dumnezeu că eşti. În caz contrar, vei fi de acord cu ceea ce diavolul îţi şopteşte. Dumnezeu te-a creat în propria Lui lumină, deci răspândeşte acea lumină prin trăirea unei vieţi exemplare.

5

Obiceiurile

Când un lucru este făcut în mod repetat, din nou şi din nou, el devine obişnuinţă, adică un obicei. Obiceiurile pe care le cultivăm ne influenţează în luarea deciziilor care privesc viitorul. Este foarte important să înţelegi că ceea ce faci şi cum faci zilnic vor deveni convingerile pe care le vei adopta. Este ca şi cu o balanţă: talerul pe care vei pune mai multă greutate va determina înclinarea. Dacă mereu şi mereu cultivi, pui accent şi sădeşti un obicei prost, talerul va înclina în favoarea lui; tot la fel se întâmplă şi dacă cultivi şi pui accent pe un obicei pozitiv şi benefic.

Dacă te-ai convins pe tine însuţi că obiceiul de a întârzia nu este atât de rău, atunci vei deveni un întârziat; dacă te-ai convins pe tine însuţi că alcoolul este bun, atunci vei deveni un alcoolic; dacă te-ai convins pe tine însuţi că fumatul nu este atât de rău, atunci vei deveni un fumător; dacă te-ai convins pe tine însuţi că drogurile nu sunt atât de rele, atunci vei deveni un drogat; dacă te-ai convins pe tine însuţi că furtul nu este atât de rău, atunci vei deveni un hoţ; dacă te-ai convins pe tine însuţi că oamenii sunt răi, atunci vei deveni un egocentric; dacă te-ai convins pe tine însuţi că Dumnezeu nu există, atunci vei deveni un ateu; dacă te-ai convins pe tine însuți că nu există moralitate, atunci vei deveni un om imoral; dacă te-ai convins pe tine însuți că ești un accident, atunci vei deveni un accident și îți vei trăi viața accidental.

Întrebarea pe care trebuie să ți-o adresezi este: „Ce obiceiuri am cultivat și cum mă vor afecta ele?" Fiecare dintre noi decidem permanent cum ne raportăm la lucrurile din jurul nostru, dar ceea ce trebuie să știm este că multe dintre aceste alegeri le facem datorită obiceiurilor pe care le-am cultivat și care au fost influențate de convingerile noastre. Te-ai întrebat vreodată de ce nu reușești să te schimbi, deși știi că trebuie să te schimbi? Ei bine, câtă vreme vei continua în aceeași rutină, în aceleași obiceiuri, este imposibil să primești un altfel de rezultat. Rezultatul se schimbă, dar mai întâi trebuie să se schimbe obiceiurile pe care continui să le repeți.

De exemplu, foarte mulți oameni perseverează în a mânca prost, crezând că pastila pe care o iau va face minuni și că peste noapte vor avea trupul ideal. Aceasta este o minciună pe care și-o vând singuri și care nu aduce nicio schimbare. Vrei un trup diferit? Atunci trebuie să cultivi obiceiuri diferite. Propune-ți să mănânci sănătos, să dormi adecvat și să te antrenezi. Acționează astfel și rezultatul va fi diferit. Obiceiurile negative vor aduce rezultate negative, la fel cum cele pozitive vor aduce rezultate pozitive. Ce semeni, aceea vei secera. Dacă vei cultiva obiceiuri bune în rutina ta zilnică, acestea te vor conduce spre succes. Tu trebuie să decizi ce vrei să faci cu viața ta și cum vrei să o trăiești. Dacă vrei să o trăiești accidental, atunci chiar nu contează obiceiurile pe care le ai, însă dacă ai decis că vrei să faci ceva semnificativ, atunci trebuie să îți propui.

Odată ce ai un plan pentru viața ta, următorul pas este cultivarea obiceiurilor pozitive. Pentru a deveni o persoană de succes, trebuie să gândeşti, să vorbeşti, să crezi, să alegi şi să acţionezi precum o persoană de succes. Nu poţi să stai fără să faci nimic, aşteptând ca într-o zi Dumnezeu să Se îndure de tine şi să te facă o persoană de succes. El ţi-a dăruit tot ce ai nevoie pentru a deveni acea persoană, iar acum este rândul tău să direcţionezi ce ai primit, înspre succes. După ce vei verifica obiceiurile, atât pe cele bune, cât şi pe cele rele, trebuie să începi procesul de transformare. Obiceiurile sunt de două feluri: bune şi rele. Ambele categorii ne afectează în funcţie de natura lor. Obiceiurile bune sunt pozitive şi benefice deoarece reflectă personalitatea, însă nu sunt suficiente. Cei mai mulţi dintre noi ne rezumăm la obiceiuri bune, uitând că mai sunt şi altele, foarte bune.

Odată, un om înţelept l-a întrebat pe un adolescent ce fel de obiceiuri crede el că are. Adolescentul i-a răspuns imediat: „Bune, domnule!” Înţeleptul l-a sfătuit: „Ar trebui să fii atent cu acele obiceiuri bune pe care le ai, pentru că te vor limita în cultivarea celor foarte bune”. Adolescentul a rămas fără cuvinte, realizând că omul avea dreptate. La fel suntem majoritatea dintre noi, de aceea mediocritatea este standardul societăţii. Foarte mulţi se rezumă la a fi un om bun, cu valori bune şi cu obiceiuri bune. Obiceiurile foarte bune însă sunt compuse din aspiraţiile unei persoane cu valori foarte bune şi cu convingeri foarte bune. Aceste obiceiuri nu doar că ne asigură nouă o viaţă mai bună, dar ne motivează să creăm şi celor din jurul nostru o viaţă mai bună. Cei mai mulţi ne mulţumim dacă noi înşine suntem bine, însă persoanele care au obiceiuri foarte bune se concentrează şi pe cei din jurul lor. Nu este suficient doar ca eu să am o relaţie cu Dumnezeu, ci vreau ca şi ei să aibă o astfel de relaţie.

Adicțiile

dicțiile sunt obiceiuri scăpate de sub control, care au creat dependență, obsesie, sau un sentiment de pierdere a controlului. Adicția este un obicei compulsiv, care a depășit stadiul de opțiune: un atașament psihic și fizic față de un lucru anume, care, atunci când este retras, provoacă replierea sau intensificarea simptomelor. Indiferent că sunt obiceiuri pozitive sau negative, ele influențează alegerile pe care le facem. Orice lucru din viață, indiferent de natura lui, odată ce este folosit în exces poate să provoace obsesie și să devină adicție.

Adicțiile sunt greșite indiferent de natura lor, deoarece influențează în mod negativ alegerile. Când ești condus de adicții, alegi conștient să practici anumite obiceiuri, deși ești convins că îți provoacă rău, sau că sunt nepotrivite și imorale. Adicțiile pot să provină din obiceiuri bune, morale și pozitive, sau din obiceiuri rele, imorale și negative:

Adicțiile provenite din obiceiuri pozitive

Fiecare individ are un set de obiceiuri bune pe care le practică în viață și care sunt importante, benefice, având un rezultat pozitiv. Dacă însă la un moment dat acestea sunt scăpate de sub control, vor provoca daune în viața individului respectiv. Aș vrea să vă dau câteva exemple simple, la care să reflectați: mâncarea, somnul, sexul, jobul... și lista continuă la nesfârșit. Gândiți-vă ce se va întâmpla cu persoana care pierde controlul asupra cantității de mâncare pe care o consumă, transformând acest obicei bun și vital pentru trup într-o exagerare. Consecințele vor fi dezastruoase: îngrășare, creșterea colesterolului, diabet, dereglarea metabolismului și altele. Iată așadar cum devine dăunător și distructiv un obicei bun, care este exagerat.

Imaginați-vă o persoană care doarme exagerat și care, treptat, devine obsedată de somn. Ce se va întâmpla cu ea? Nu numai că devine iresponsabilă și leneșă, dar în timp va provoca daune corpului său, deoarece somnul exagerat încetinește activitatea creierului. Acesta nu mai funcționează optim și astfel fiecare alegere este afectată. Viața însăși este afectată. Tiparul acesta se va repeta cu orice lucru exagerat și scăpat de sub control. El va produce dezastru și va influența alegerile în mod semnificativ și distructiv.

> *„Prima dată ne formăm obiceiurile, apoi ele*
> *ne formează pe noi. Învinge-ți obiceiurile proaste*
> *sau altfel te vor învinge ele pe tine.”* (Rob Gilbert)

Adicțiile provenite din obiceiuri negative

Obiceiurile sunt bune și importante și avem nevoie de ele pentru a funcționa, însă doar atâta timp cât sunt morale, pozitive și ajută la creșterea noastră în orice formă. Odată ce devin greșite, negative și ne trag în jos, dăunând sănătății, moralității și valorilor, ele sunt distructive. Poate că nu dăunează valorilor tale, dar cu toate acestea te trag în jos și nu îți permit să crești. Dacă este așa, atunci trebuie să scapi de ele cu orice chip, altfel vor deveni adicții și te vor afecta și mai mult. Lucrurile care te-au afectat când erau doar niște obiceiuri, acum, că au devenit adicții, îți vor face viața mizerabilă sau chiar te vor distruge. Caută să fii foarte atent cu obiceiurile pe care le cultivi și eliberează-te de adicțiile negative și imorale încă de când sunt doar niște obiceiuri. Sub nicio formă nu le lăsa să treacă de primul stadiu.

Sunt foarte mulți cei care din anumite motive nu au fost conștienți de efectele negative pe care obiceiurile le pot avea asupra vieților lor. Unii, din cauza unei suferințe cu care s-au confruntat, au recurs la anumite obiceiuri dăunătoare pentru a trece peste problema respectivă: droguri, alcool, tutun etc. Alții, din cauza curiozității de a încerca ceva nou, au preluat un obicei care a ajuns să le controleze viața. Indiferent de felul în care am adoptat anumite obiceiuri, cert este că trebuie să scăpăm de ele imediat, pentru ca să putem să ne controlăm viața și să funcționăm din nou corect. Și tu vrei să funcționezi corect și să faci cele mai bune alegeri, pentru ca să ai parte de experiențe minunate, de împlinire, fericire, prosperitate, sănătate, iubire și influență.

Caută să păstrezi balanța în orice moment din viață, pentru ca să poți alege foarte bine și să experimentezi o viață foarte bună. Orice obicei pozitiv sau negativ scăpat de sub control devine adicție. Indiferent de natura lor, adicțiile sunt dăunătoare și distrugătoare, prin urmare evită extremele. O viață minunată va veni întotdeauna ca rezultat al echilibrului, dar o adicție va merge împotriva convingerilor tale și te va influența, pentru că este manipulată de diavolul prin pofte și dorințe carnale. Sunt atât de mulți oameni care trăiesc încălcând în mod continuu natura morală a lui

Dumnezeu şi care doresc să se schimbe, dar nu găsesc puterea necesară pentru aceasta.

În următoarea secţiune a cărţii am să vă ajut să scăpaţi de orice adicţie, indiferent de natura ei, şi să vă eliberaţi de sub puterea inamicului care vă conduce. Viaţa este frumoasă, dacă ştii să o trăieşti frumos. Păstrează un echilibru în lucrurile morale, respinge cu desăvârşire tot ce este imoral şi vei trăi frumos.

7
Schimbarea

Schimbarea, pentru unii, reprezintă o frică de care aleargă constant, iar pentru alții este componenta pe care o folosesc spre succes. Dacă ești o persoană care asociază schimbarea cu ceva negativ, atunci va trebui să scapi de această convingere, deoarece te privează de toate momentele frumoase pe care ai putea să le experimentezi odată ce schimbarea este produsă. Foarte multe persoane preferă zona de confort în locul schimbării, deoarece toată viața au făcut lucrurile în felul lor. Cu alte cuvinte, ei simt disconfort și nesiguranță în schimbare. Totuși, adevărata schimbare nu este altceva decât îmbunătățire.

În momentele acestea, lumea în care trăim, împreună cu societatea, este supusă schimbării constante. Lucrurile se schimbă zilnic cu o viteză incredibilă, de aceea, cel care nu ține pasul cu societatea pentru a se adapta schimbării, curând experimentează ceea ce eu numesc blocaj. Este momentul în care cineva se simte depășit de tot ce este în jur, pentru că nu trăiește în prezent. Dacă ai și tu probleme cu adaptarea în societate, atunci trebuie să schimbi acest lucru și să te raportezi diferit la ea. Persoanele care se simt depășite încearcă să își trăiască ziua de azi în felul zilei de ieri, însă o astfel de încercare aduce întotdeauna frustrări şi dezamăgiri. Niciodată ziua de azi nu este cea de ieri şi cea de ieri nu este azi. Cu alte cuvinte, nu poţi să aplici astăzi metodele de ieri, pentru că ele s-au schimbat.

Probabil că te-ai gândit ce înseamnă să te schimbi şi să mergi în pas cu societatea. Înseamnă să treci peste valorile, caracterul şi principiile tale? Răspunsul este cu siguranţă nu. Toate acestea sunt esenţiale şi e bine să le păstrezi, însă ceea ce trebuie să schimbi sunt metodele. Cât timp a fost pe pământ, Isus a schimbat în mod constant metodele, însă nu şi mesajul. Mesajul este acelaşi, dar felul în care îl prezinţi se schimbă în funcţie de societatea, cultura şi epoca în care te afli. Dacă vrei cu adevărat să experimentezi o schimbare în relaţia pe care o ai cu partenerul, cu copiii, cu cei din jurul tău, atunci trebuie să te schimbi tu, pentru că felul în care te vei raporta la ei va face diferenţa. Dacă vrei să experimentezi o schimbare în afacerea pe care o conduci, atunci trebuie să te schimbi tu mai întâi. Schimbarea pe care afacerea o va experimenta va veni doar în urma transformării persoanei care conduce afacerea.

Când schimbarea devine o necesitate, primul lucru care trebuie schimbat sunt eu. Eşti tu. Dacă vrei să creşti constant, atunci trebuie să te schimbi constant. Cu siguranţă că există un lucru în viaţa ta pe care ar trebui să îl schimbi sau pe care ţi-ai propus să îl schimbi şi nu l-ai schimbat. Poate te-ai gândit că vrei să renunţi la acel obicei sau la acea adicţie, poate este o convingere care te limitează şi pe care vrei să o înlături, sau poate este depresia care îţi distruge fericirea. Indiferent care este schimbarea de care ai nevoie, am să te ajut să o produci în viaţa ta. Schimbare înseamnă creştere, succes, realizare.

De ce nu ne schimbăm?

Ştim că viaţa noastră este afectată de fiecare decizie pe care o luăm zilnic şi ştim chiar şi lucrurile care ne influenţează alegerile. Cu toate acestea, continuăm să alegem greşit şi iresponsabil. Secretul unei vieţi diferite constă în alegeri diferite, însă pentru a alege diferit trebuie să ne schimbăm gândirea care ne limitează. Aceasta înseamnă să fim atenţi la convingerile care ne influenţează negativ, la curiozităţile noastre, să ne controlăm emoţiile, să schimbăm obiceiurile care nu ne sunt favorabile şi care ne trag în jos şi, nu în ultimul rând, să scăpăm de adicţii.

Pentru a alege diferit trebuie să schimbăm tot ce nu este benefic în interiorul celor cinci influenţe. Totuşi, există o problemă pe care o întâmpinăm întotdeauna când vrem să schimbăm ceva în viaţa noastră, iar acea problemă este lipsa de dorinţă, de voinţă, sau frica. Motivul se datorează convingerilor negative ale persoanei care nu crede, căreia îi este frică, respinge sau neagă schimbarea. Cei mai mulţi dintre noi nu acceptăm transformarea din cauză că ne-am convins singuri că aceasta nu este prioritară, sau pur şi simplu pentru că nu vrem să ne transformăm. Lista de mai jos reprezintă câteva dintre motivele pentru care nu reuşim să ne schimbăm:

- credem că nu avem nevoie de o schimbare,
- credem că nu este atât de importantă o schimbare,
- credem că nu putem să ne schimbăm,
- credem că schimbarea înseamnă durere, sau suferinţă, sau tortură,
- credem că schimbarea înseamnă pierdere,
- credem că schimbarea înseamnă neîmplinire, nefericire şi insatisfacţie.

Din lista pe care ți-am prezentat-o, care este convingerea din spatele eșecului schimbării? Este faptul că nu crezi că ai nevoie de schimbare? Dacă da, atunci fie că te-ai obișnuit cu viața pe care o experimentezi și cu alegerile pe care le faci, fie că ți-ai folosit doar subconștientul, prin care în mod ironic te minți că ești bine. Dacă vei fi sincer cu tine însuți, vei realiza că indiferent cât de bine sau mai puțin bine alegi, tot vor exista lucruri pe care ar trebui să le schimbi sau să le dezvolți și mai mult.

Schimbarea este de două feluri:

- revoluționară - implică o schimbare radicală, de la cele mai mici lucruri până la cele mai semnificative;

- evoluționară - implică îmbunătățirea și dezvoltarea alegerilor, a obiceiurilor sau a convingerilor.

Descoperă pe care dintre cele două ai nevoie să le aplici. Orice fel de schimbare pozitivă va aduce în viața ta creștere. În descoperirea nevoii unei schimbări, trebuie să folosești atât logica, cât și convingerile prin care să verifici dacă ceea ce crezi este și ceea ce vezi. Poți să crezi că schimbarea nu este importantă atunci când privești prin prisma convingerilor, însă când privești prin prisma logicii și a realității, vei descoperi un cu totul alt adevăr. Când ceea ce percepi nu este și ceea ce experimentezi ca rezultat al alegerilor tale, atunci ar trebui să îți pui un semn de întrebare sincer. Dumnezeu ți-a dat ție darul alegerii, prin care să îți direcționezi viața. El se află în mâinile tale, de aceea folosește-l înțelept.

Împotrivirea față de conceptul de schimbare este universală și influențează toate clasele și persoanele. Fiecare generație dinaintea noastră a experimentat această împotrivire. Indiferent ce crezi despre schimbare, ceea ce trebuie să înțelegi este că dacă nu o accepți, te vei opri din progres și vei continua să alegi în dauna sănătății tale, a trupului, a resurselor, a relațiilor etc.

Alegerile diferite se datorează convingerilor diferite. Câtă vreme tu crezi că obiceiurile pe care le practici sunt bune, nu vei avea puterea să le schimbi. Dacă te-ai convins pe tine însuți că nu ai potențial, atunci nu vei reuși, nu vei putea să faci o diferență, nu vei putea să ai impact și influență și nici nu te vei schimba, oricât de mult ți-aș spune eu că poți. Convingerile unei persoane afectează alegerile pe care ea le face. Tot ce crezi despre lucrurile sau persoanele din jur îți vor afecta semnificativ viața, deoarece îți influențează alegerile. Odată ce creierul tău a primit imagini, pozitive sau negative, despre ceea ce înseamnă schimbare, va acționa bazat pe acele imagini, creând convingeri care vor determina felul în care te vei raporta la schimbare.

Mai jos sunt patru pași pe care trebuie să îi faci pentru a schimba un obicei, sau o convingere, ori pentru a elimina adicția. Pentru orice fel de schimbare, în oricare arie a vieții, fie că vorbim despre alegeri, convingeri, gânduri, obiceiuri, adicții, sentimente etc., avem nevoie de patru lucruri, fără de care niciun fel de schimbare nu este posibilă. Aceste patru lucruri pregătesc terenul pentru schimbare. Ele curăță calea pentru ca schimbarea să poată fi realizată. Sunt precum acele coloane oficiale care eliberează drumul pentru ca președintele să treacă, fără să fie împiedicat sau blocat de vreun obstacol.

1) Identificare - „Ar trebui să mă schimb!"

Când un obicei, o convingere, un sentiment, un gând sau o adicție nu îți creează împlinire și satisfacție, vei observa imediat și te vei gândi: „Cred că ar trebui să fac ceva în această privință". O astfel de hotărâre ne deschide ochii înspre realitatea lucrurilor care trebuie schimbate. Meditezi la aceasta pentru un timp şi undeva, înăuntru, ştii că ar trebui să faci pasul schimbării. Însă nu îl vei face atâta vreme cât rămâi doar la ideea că „ar trebui", pentru că nu reprezintă un interes imediat.

Aud zilnic, şi probabil şi tu auzi, persoane care în mod constant îşi spun lor însele că ar trebui să facă ceva într-o anume privinţă, însă niciodată nu ajung la acţiune. Ele ştiu că le trag în jos acele obiceiuri pe care le-au cultivat şi care trebuie schimbate, însă niciodată nu găsesc motivaţia necesară pentru a face ceva în acea privinţă. Probabil chiar tu eşti în această situaţie. Întrebarea pe care trebuie să ţi-o adresezi este de ce. Răspunsul este simplu: acel obicei nu reprezintă pentru tine o prioritate, deoarece pare să aibă legătură cu ceva îndepărtat, din viitor.

Cunoaşteţi persoane care spun: „Ar trebui să fac ceva pentru a pune mai mulţi bani deoparte, ar trebui să fac ceva cu relaţia în care mă aflu, ar trebui să încep o dietă, ar trebui să mănânc mai sănătos, ar trebui să mă antrenez...”? Expresia „ar trebui" nu va produce niciodată schimbarea necesară, deoarece ea nu reprezintă o prioritate, o constanţă şi o motivaţie. Întrebarea este „Atunci ce ar trebui să fac pentru a mă schimba?" Începe întotdeauna cu identificarea lucrurilor pe care vrei să le schimbi, dar nu te opri aici, ci continuă procesul. Acesta este doar primul pas, iar acum este timpul să mergi mai departe la următorul nivel.

2) Dorinţa - „Vreau să mă schimb!"
După ce ai descoperit lucrurile pe care ar trebui să le schimbi, trebuie să mergi mai departe şi să hotărăşti solemn în inima ta că vrei să le schimbi. Unul dintre motivele pentru care oamenii nu se schimbă este că nu vor, fie pentru că se simt bine pe moment, fie pentru că experimentează un

sentiment de putere şi de influenţă. Unii dintre noi ştim că ar trebui să schimbăm felul în care vorbim sau agresivitatea pe care o folosim pentru a intimida oamenii. Totuşi, nu vrem să facem acest lucru, pentru că ne simţim importanţi. Ştim că ar trebui să renunţăm la acele adicţii sau la acele obiceiuri, dar pentru că ne simţim bine pe moment, nu acceptăm transformarea, deşi rezultatele pe termen lung sunt dezastruoase.

De exemplu, ştii că nu ar trebui să îţi înşeli soţia şi eşti conştient că îţi distrugi căsnicia, copiii şi reputaţia, dar pentru că te simţi bine, nu vrei să renunţi. Ştii că ar trebui să încetezi să strigi, pentru că este un obicei oribil, însă pentru că simţi că îţi oferă un sentiment de putere asupra copiilor, soţiei sau angajaţilor, preferi să îl păstrezi. Ştii că nu ar trebui să fumezi, pentru că îţi consumă banii şi sănătatea, dar totuşi, nu eşti dispus să cedezi, pentru că te simţi bine pe moment. Ştii că nu ar trebui să întârzii sau să-i bârfeşti pe alţii, dar pentru că primeşti atenţie de la cei care te ascultă, continui să faci. Pentru a ajunge la schimbare trebuie să fii hotărât sută la sută şi să te convingi pe tine însuţi că vrei să te schimbi. Trebuie să alegi schimbarea, altfel va fi imposibil să schimbi ceva. „Vreau să mă schimb!" este aşadar al doilea pas.

3) Necesitate - „Trebuie să mă schimb!"

După identificarea obiceiului sau al oricărui alt lucru pe care vrei să îl schimbi, urmează confirmarea, adică nevoia: „Trebuie să mă schimb, sunt nevoit şi obligat să fac ceva în acest sens, deoarece lucrul acesta mă trage în jos". Ai devenit convins nu numai că ar trebui şi că vrei să schimbi ceva, dar şi că este o urgenţă. Acum, aici, chiar în acest moment, trebuie să începi.

Atenție la o scuză pe care adesea o invocăm pentru a nu ne schimba: „Știu că trebuie să schimb ceva, însă aștept să mă ajute el sau ea...". Poate te gândești la un psiholog sau la un terapeut care să te ajute. Când invoci această scuză, te eliberezi tu însuți de responsabilitatea pe care o ai de a te schimba. Toți aceștia pot să îți întindă o mână de ajutor, însă doar dacă tu devii responsabil și accepți realitatea. Adevărata schimbare poate fi realizată doar de tine. Eu pot să te ajut prin explicarea pașilor pe care trebuie să îi urmezi, însă niciodată nu voi putea să te schimb. Procesul ține de tine, de aceea, repetă-ți: „Eu trebuie să mă schimb".

Acum, urmează pașii prin care te ajut să ajungi la schimbare, dar nu uita că tu ești cel care trebuie să produci schimbarea. Așadar, „Trebuie să mă schimb" este al treilea pas care reflectă necesitatea unei schimbări.

4) Abilitate - „Cred că pot să mă schimb!"

Ultimul pas, al patrulea, după ce ai identificat obiceiul pe care vrei să îl schimbi și ai înțeles că este o nevoie urgentă, este de a crede că poți. De ce este important să cred? Ai văzut vreodată pe cineva care să depună efort și să investească în ceva în care nu crede? Nimeni nu sacrifică timp, efort, resurse și energie într-un lucru în care nu crede. Pentru a-l schimba cu adevărat, trebuie să crezi că poți. „Știu că trebuie, dar nu pot!" Majoritatea oamenilor găsesc tot felul de scuze pentru a-și justifica eșecul: „Am încercat totul, sau am încercat în orice fel, în mii de feluri!" Și astfel începem să ne mințim pe noi înșine.

Unul dintre motivele pentru care credem atât de ușor aceste minciuni este că niciodată nu am experimentat o schimbare în acea zonă, înainte. Odată ce ți-ai convins creierul că este imposibil să te schimbi, va fi imposibil. De ce?

Pentru că în acel moment i-ai oferit o definiție, o imagine negativă pe care el a asimilat-o, iar acum, acea imagine îți va conduce sentimentele. Convingerea pe care ți-ai dat-o despre acel lucru te va opri și te va împiedica din a continua să cauți soluții. Astfel, te vei bloca și vei ajunge să faci aceleași alegeri greșite, care vor aduce aceleași consecințe nesatisfăcătoare, sau chiar dăunătoare.

Creierul adună în mod continuu informații cu privire la un lucru, până în clipa în care iei o decizie pozitivă sau negativă cu privire la ceea ce să crezi despre acel lucru. În acel moment, tu dai o definiție care este preluată de creier și transformată în conexiunile neuronale sub forma unei convingeri. Prin urmare, niciodată să nu consideri că un obicei este imposibil de eliminat sau de schimbat, deoarece în momentul în care ai implementat această idee, creierul se va opri din procesarea și căutarea soluțiilor. Dacă însă nu te vei grăbi să tragi o concluzie, creierul va continua să proceseze, iar într-un final, prin abilitatea extraordinară pe care o are, va găsi soluția. Trebuie să crezi că poți, chiar dacă probabil nu ai reușit încă. Poate că metoda pe care ai încercat-o nu a fost cea mai bună, poate că mediul sau abordarea te-au oprit, dar indiferent ce ai încercat, trebuie să crezi în continuare că este posibil.

Un alt motiv pentru care nu ai reușit până acum este că te-ai convins pe tine însuți că ai făcut tot ce se putea, ceea ce este o minciună, sau că este imposibil, ceea ce din nou este o minciună. Realitatea este că trăim într-o lume plină de oameni negativiști, care te asigură că nu vei reuși, însă tu trebuie să treci dincolo de ceea ce ei îți spun. Caută să înlocuiești convingerea pe care o ai despre lucrul pe care vrei să îl schimbi și crede că poți. Atunci, nimic nu va putea să te oprească, și totul va deveni foarte simplu de schimbat.

Aceste patru convingeri nu sunt schimbarea în sine, însă sunt ceea ce determină succesul sau eșecul schimbării. Pentru ca schimbarea să se producă, trebuie să ne asigurăm că nimic nu ne stă în cale. Orice obstacol ne poate împiedica din experimentarea ei.

În concluzie, cum schimb un lucru? În primul rând trebuie să identific acel lucru, apoi să îl confirm, adică să înțeleg că este nevoie să îl schimb acum, în prezent. Al treilea pas este să cred că trebuie să îl schimb, raportându-mă la realitatea pe care o experimentez, nu la iluzia prin care m-am convins că nu vreau. Ultimul pas este să îmi distrug și ultima convingere pe care mi-am format-o despre acel lucru și să fiu convins că pot să îl schimb.

Toți pașii au de-a face cu convingerile. Dacă te-ai convins singur că nu este atât de rău, atunci nu vei fi motivat să te schimbi, dar odată ce ai ajuns la concluzia că trebuie să o faci, vei lua atitudine, iar motivația va apărea. Tot ce vrei să schimbi în viață începe cu convingerile care pot ori să te oprească, ori să te motiveze în drumul tău spre acea schimbare. Convingerile motivează, dar și limitează. Folosite corect, te vor propulsa, folosite greșit, te vor limita.

Cum îmi schimb convingerile?

Pentru ca să accepți schimbarea și să faci ceva în acest sens, trebuie să te convingi că merită să lupți pentru acea schimbare. Toate imaginile și convingerile negative pe care le deții despre ceea ce înseamnă schimbare trebuie înlocuite cu altele pozitive și motivatoare, care te vor conduce spre alegeri diferite și pozitive. Sunt doi pași pe care, dacă îi urmezi, vei ajunge la cele patru convingeri care îți vor ușura drumul spre schimbare:

1) Primul pas este să asociezi schimbarea cu un lucru pozitiv, urgent, necesar şi benefic. Identifică din lista celor şase convingeri care sunt cele pe care tu le ai şi schimbă-le una după alta. Pentru ca procesul să fie simplu, îţi sugerez să foloseşti o foaie pe care să le scrii, pentru că mai târziu vor trebui să fie repetate constant, până când cele pozitive le vor înlocui pe cele negative.

Exemplu: „Nu pot să mă schimb" trebuie să se transforme în „Pot să mă schimb", sau „Nu este important să mă schimb" în „Este foarte important să mă schimb", sau „Nu am nevoie de schimbare" în „Am nevoie de o schimbare".

Odată ce schimbarea pentru tine înseamnă ceva necesar, pozitiv şi urgent, vei găsi şi motivaţia necesară şi deschiderea de care ai nevoie pentru a face acest pas. Secretul este să înlocuieşti fiecare convingere negativă cu una pozitivă. Atenţie! Toate convingerile trebuie identificate şi înlocuite. În acest fel, drumul va fi curat şi liber pentru a merge mai departe. Dacă nu ai reuşit să le identifici pe toate, atunci rezultatul nu va fi sută la sută pozitiv.

2) Al doilea pas este să asociezi neschimbarea cu durerea, cu suferinţa şi cu pierderea masivă şi imediată. Când vei înţelege că stagnarea provoacă durere şi pierdere, vei înlocui convingerea mult mai uşor, deşi la început va opune rezistenţă. Cu cât continui să îţi spui şi să vizualizezi mai mult pierderea pe care o suferi dacă nu te schimbi, cu atât convingerea negativă se va transforma într-una pozitivă.

Exemplu: neschimbarea înseamnă suferinţă, pierdere şi durere.

Creierul tău nu vrea să te schimbi, deoarece el a primit de la tine informaţii clare că eşti bine aşa, sau că nu ai nevoie de schimbare. Acum însă, toate acele informaţii care s-au transformat în convingeri trebuie înlocuite punct cu punct, pentru ca creierul să te ajute şi să îţi permită schimbarea. Întocmeşte două liste: una cu beneficiile pe care ţi le va aduce schimbarea, iar cealaltă cu pierderile pe care le vei avea dacă vei continua în acelaşi fel. Citeşte-le zilnic timp de câteva zile, până când ceea ce credeai înainte nu mai este ceea ce crezi acum. Cu alte cuvinte, până te deschizi pentru schimbare şi accepţi să începi procesul schimbării în oricare dintre domeniile despre care am scris.

După ce ai depăşit primul pas, lucrurile vor curge de la sine. Când convingerile sunt pozitive şi sunt în linie cu cele patru convingeri: ar trebui, trebuie, vreau şi pot să mă schimb, atunci schimbarea este sută la sută posibilă.

Schimbarea propriu-zisă

Schimbarea este definită în prima parte de cele patru convingeri pe care trebuie să le aplici, însă acestea sunt doar primul pas. Convingerile sunt importante, deoarece eliberează drumul spre schimbare. Acum însă avem nevoie de a doua parte, prin care să realizăm schimbarea. Înainte de a trece la schimbarea propriu-zisă, asigură-te că ai descoperit ce ar trebui să schimbi, ce vrei să schimbi, ce trebuie să schimbi şi ce crezi că poţi să schimbi. Acum, când drumul este liber, este timpul să trecem la treabă. Identifică obiceiul pe care vrei să îl schimbi sau adicţia de care vrei să scapi şi începe procesul de schimbare.

1) Motivaţia

Motivul pentru care nu te schimbi, deşi înăuntrul tău eşti conştient că ar trebui să te schimbi, este că nu ai suficient de multă motivaţie pentru a produce acea schimbare.

Ţi-ai schimbat convingerea negativă despre schimbare, crezi că trebuie să te schimbi folosind cele patru convingeri, dar acum întâmpini opoziţie, deoarece creierul tău nu primeşte ideea de schimbare cu succes. Ce trebuie să faci? Răspunsul este că trebuie să creezi suficient de multă motivaţie. Greşeala pe care o facem adesea este că nu suntem realişti în ceea ce vrem să schimbăm. Cumva, te-ai minţit pe tine însuţi, convingându-te că nu este chiar atât de rău, iar astfel, pentru că ai îndulcit puţin ideea de schimbare, te trezeşti că nu mai ai suficient de multă motivaţie.

Exemplu: Vrei să renunţi la acea ţigară care îţi distruge sănătatea, trupul, economiile, însă în acelaşi timp ţi-ai spus ţie însuţi: „Îmi place să fumez" sau „Nu pot fără să fumez". Toate acestea te vor împiedica să te schimbi. De ce? Pentru că nu eşti motivat sută la sută. Pe de o parte vrei, dar pe cealaltă parte nu vrei, pentru că te simţi bine.

Un alt exemplu: Vrei să slăbeşti şi să fii în formă, să fii sănătos şi arătos, însă în acelaşi timp nu eşti convins că este vreo problemă dacă ai un pic de grăsime, de colesterol şi nu deţii tocmai forma ideală. Motivaţia de a te schimba nu există. De ce? Pentru că nu eşti sută la sută convins că îţi doreşti acea schimbare. A dori nu este acelaşi lucru cu a trebui, după cum nici „m-aş schimba" nu este la fel cu „mă schimb".

Primul lucru care îi întreb pe cei care spun că ar renunţa sau ar schimba este „Vrei sau nu vrei?" A dori nu este suficient ca să mă convingi că vrei. Realitatea este că cei mai mulţi nu vor cu adevărat să renunţe, din cauza convingerilor greşite, prin care s-au minţit singuri. Schimbarea este posibilă, realizabilă şi garantată, însă doar atunci când ai motivaţia corectă. Dacă nu ai reuşit să te schimbi, atunci poate că ai o imagine greşită despre ceea ce ar putea să însemne schimbarea. Eşti nefericit, nemulţumit şi neîmplinit din cauza acelui lucru de care ai vrea să scapi, însă în acelaşi timp te gândeşti că schimbarea ar putea să însemne durere sau suferinţă. În felul acesta, creierul tău evită schimbarea. De ce? Pentru că nu vrea să suferi.

Vrei să te schimbi, dar ţi-e teamă că nu vei reuşi. În această situaţie, dezamăgirea unui posibil eşec va fi şi mai mare, iar creierul va omite schimbarea, pentru că aceasta este asociată cu frica, cu dezamăgirea sau cu o potenţială pierdere. Uită-te la lucrul pe care vrei să îl schimbi şi verifică-ţi convingerile. Ce crezi despre lucrul respectiv?

Exemplu de adicţie: fumatul
Răspunde la întrebările de mai jos, prin care aduci la suprafaţă convingerile pe care le ai, atât pozitive, cât şi negative.

- convingeri pozitive: De ce vreau să mă schimb? Ce beneficii îmi va aduce schimbarea? Cum pot să folosesc acele beneficii? Voi fi împlinit, fericit şi satisfăcut? Ce aş putea să fac cu banii economisiţi, dacă mă voi schimba? Care este următoarea investiţie pe care mi-am propus-o, dar pentru care nu am suficient de mulţi bani, şi cum aş putea folosi banii economisiţi din ţigări, pentru a investi în acel lucru?

- convingeri negative: De ce nu vreau să mă schimb? Ce beneficii am din fumat? Cum mă afectează fizic, psihic, economic, material, financiar, fumatul? Sunt împlinit, fericit şi satisfăcut pe termen lung, sau doar pe moment, iar după aceea urăsc ceea ce fac? Câţi bani pierd pe ţigări, bani pe care i-aş putea economisi şi investi în vise, dorinţe, relaţii sau în orice altceva? Cum îmi afectează sănătatea?

După ce ai răspuns atât la cele pozitive, cât şi la cele negative, vei avea două liste diferite, cu convingeri pozitive şi negative, despre lucrul de care doreşti să scapi. Următorul pas este să scrii o altă listă cu toate convingerile bune pe care le ai despre fumat, dar care de fapt sunt negative. De exemplu: îmi place să fumez pentru că mă simt bine, îmi place să fumez pentru că mă simt important, îmi place să fumez pentru că mă liniştește, îmi place să fumez pentru că îmi reduce stresul... Oricare ar fi motivele, tu trebuie să le identifici, pentru a le putea elimina şi a merge mai departe.

Este neapărat necesar să schimbi convingerile între ele, adică să le muți pe cele bune pe lista celor rele şi pe cele rele pe lista celor bune. De exemplu:

- dacă ai scris: „Îmi place să fumez pentru că îmi reduce stresul", acum scrie: „Urăsc să fumez pentru că îmi produce stres";

- dacă ai scris: „Îmi place să fumez pentru că mă simt important", acum scrie: „Urăsc să fumez pentru că mă face mizerabil şi neimportant";

- dacă ai scris: „Nu pot să renunț la fumat", acum scrie: „Pot să renunț la fumat";

- dacă ai scris: „Nu vreau să renunț la fumat", acum scrie: „Vreau să renunț la fumat".

Exemplu de obicei: întârziatul

Răspunde la întrebările de mai jos, prin care aduci la suprafață convingerile pe care le ai, atât pozitive, cât şi negative.

- convingeri pozitive: De ce vreau să mă schimb? De ce vreau să fiu o persoană punctuală? Ce va avea de câştigat imaginea mea, dacă voi deveni punctual? Cum mă vor aprecia cei din jur? Cum mă voi simți? Voi deveni o persoană responsabilă?

- convingeri negative: De ce nu mă schimb? Ce am de pierdut dacă nu mă voi schimba? Cum mă vor privi cei din jur dacă nu mă voi schimba? Cât de mult voi pierde în timp, dacă întotdeauna voi merge peste programul stabilit? Cum va suferi imaginea mea de sine, dacă voi continua să fiu un întârziat?

După ce ai răspuns la întrebările de mai sus, vei obține două liste diferite, una cu lucruri pe care le consideri pozitive și una cu lucruri pe care le consideri negative. Inversându-le între ele, vei obține suficient de multe motive negative pentru a-ți da seama cât de afectat vei fi dacă nu te schimbi și suficient de multe motive pozitive cu ceea ce ai de câștigat dacă te schimbi.

La fel va trebui să faci cu fiecare adicție și obicei. Tu singur trebuie să te convingi că este obligatoriu să renunți, deoarece îți produce suferință, durere, amărăciune și deoarece îl urăști. Ajungând la această concluzie și schimbându-ți toate convingerile, vei avea motivația necesară pentru a accepta transformările.

Când îți vei convinge creierul că dacă nu te schimbi suferi, atunci te schimbi, dar dacă i-ai spus că este dureros, niciodată nu te vei schimba, pentru că nu are suficient de multe motive ca să îți provoace schimbarea. Adică nu este motivat. Noi avem abilitatea de a ne manipula pe noi înșine, doar ca să nu fim nevoiți să ne schimbăm. Dacă prezentul este dureros, putem oricând să ne creăm o alternativă de scăpare spre viitor, să ne facem tot felul de închipuiri, prin care să credem că va fi mai bine.

Pentru a experimenta o schimbare, trebuie să fii onest cu tine însuți: „Da, am nevoie de schimbare acum, așa că am să încep să schimb ceva în prezent", altfel viitorul va fi la fel, oricât de mult ai încerca să ți-l imaginezi diferit. Trebuie să îți motivezi creierul să se schimbe, pentru că el îți trimite semnalele și cu el trebuie să câștigi lupta.

Cum produci motivația pentru schimbare?

1) Asociere negativă

Trebuie să asociezi în mintea ta lipsa schimbării cu efectele negative care rezultă de aici: durere, suferință și pierdere profundă, masivă și imediată. Acestea sunt cuvintele cheie. De ce nu renunți la fumat, la droguri, la mâncarea nesănătoasă, la întârziat, la pierderea timpului în scopuri inutile, la vorbele urâte, la agresivitate, la bârfe, la judecăți, la urlete? (Toate acestea și multe altele sunt negative și trebuie schimbate.) Pentru că nu ai înțeles că sunt distructive și nesănătoase. Spune-le pe nume, raportează-le la timpul prezent și atunci vei fi motivat să le schimbi. Nu le „trimite" în viitor („voi face cancer", „mă voi îngrășa", „îmi voi distruge sănătatea" etc.), pentru că atunci nu vei considera necesar să te schimbi. Problema cu „voi face" este că elimină urgența și creează iluzia că va fi bine... cândva.

2) Asociere pozitivă

Trebuie să asociezi în mintea ta schimbarea cu efectele pozitive ale ei: câștig, satisfacție, împlinire și fericire profundă, masivă și imediată. Noi, oamenii, nu ne schimbăm doar pentru că ne afectează un anumit lucru, ci și când înțelegem care sunt câștigurile și efectele schimbării. Schimbarea nu are niciodată legătură cu abilitatea noastră, ci întotdeauna cu motivația noastră. Abilitatea va veni odată cu motivația. Când cineva are suficient de multe motive, se va schimba fără îndoială.

Vi s-a întâmplat să fiți într-o situație critică și să faceți ceva ce nu ați crezut vreodată că este posibil? Aceasta se numește motivație. Nevoia te conduce înspre orice, însă trebuie să fii suficient de motivat.

2) Destabilizarea convingerii

Odată ce ai găsit motivația necesară pentru schimbare, te afli pe calea către acea schimbare, însă mai există un lucru care trebuie făcut, pentru a fi sigur de rezultate sigure. Acesta se numeşte destabilizarea convingerii. Până în prezent, tu ai acumulat un anumit set de convingeri despre ce înseamnă acel lucru pentru tine şi de ce îl faci. De exemplu: poate că fumezi pentru că îți place, pentru că nu crezi că te poți schimba, sau pentru că fumatul reduce stresul.

Ce înseamnă aceste exemple? Înseamnă că există convingeri greşite, prin care tu te-ai asigurat pe tine însuți de imposibilitatea sau de nedorința schimbării. Undeva, înăuntrul tău, ştii că trebuie, însă niciodată nu vei reuşi până când nu scapi de convingerile care te opresc. Cu alte cuvinte, există un tipar care s-a format şi de care trebuie să scapi. Convingerea este acea imagine pe care ți-ai făcut-o despre un anumit lucru, pe baza informațiilor pe care le-ai primit în creier. Pentru ca imaginea să fie transformată în convingere este nevoie de câteva informații despre lucrul respectiv, care să fie puse cap la cap şi din care să rezulte o concluzie, pozitivă sau negativă.

Imaginați-vă convingerea sau credința sub forma unui scaun pe care stați confortabil. Picioarele scaunului susțin şezutul, dar odată tăiate, destabilizează scaunul. Fiecare picior în parte reprezintă o imagine informativă, care susține convingerea. De exemplu: dacă ar fi să îți pun întrebarea „De ce crezi că furtul este greşit?", îmi vei da câteva motive prin care susții acest lucru, de care eşti într-adevăr convins. Poți să îmi spui că furtul este greşit datorită faptului că înşeli pe cineva, sau pentru că provoci o pagubă cuiva, furând de la el, sau pentru că încalcă moralitatea, sau pentru că produce suferință persoanei furate... şi lista poate să continue. Ceea ce vreau să scot în evidență este că acele motive pe care tu le ai, reprezintă „picioarele" care stabilizează convingerea. Dacă convingerea este bună, rezultatele sunt foarte bune şi produc ceva pozitiv. Din păcate, la fel este şi cu convingerile care dăunează. Cumva, tu ți-ai pus „picioare" greşite, care susțin convingeri greşite. Acestea trebuie distruse şi eliminate, iar în locul lor trebuie puse alte convingeri, cu alte „picioare". Totuşi, o convingere nu poate fi eliminată doar pentru că ai un argument împotriva ei. Nu!

În primul rând este necesar să fie îndepărtate vechile propte şi în locul lor să fie puse altele noi, adevărate şi pozitive, care să permită schimbarea şezutului. Odată ce scaunul pe care ai stat nu mai are picioare, el cade la pământ şi se prăbuşeşte, iar tu eşti nevoit să confecționezi alt scaun pe care să stai.

• Identificarea - primul pas este să găseşti fiecare „picior" care susține convingerea pe care vrei să o schimbi. Atenție! Scaunul poate să aibă trei sau zece „picioare", în funcție de format, de aceea este obligatoriu să fie identificate toate. Dacă elimini doar o parte din ele, convingerea tot va mai rezista. Încă vei mai „sta" pe acea convingere, deşi nu mai eşti la fel de sigur şi de stabil pe ea. Totuşi, ceea ce urmăreşti este să o elimini imediat după ce o destabilizezi. Imaginile din spatele ei diferă de la situație la situație. Poate fi o convingere susținută de trei, patru sau mai multe argumente. Important este ca toate să fie eliminate.

• Destabilizarea - al doilea pas este să slăbeşti „picioarele", adică imaginile care se află în spatele convingerii. Fiecare dintre noi dispunem de informații care întăresc poziția adoptată. Acestea sunt imaginile care trebuie slăbite, pentru a putea încet să le destabilizăm şi ulterior să le eliminăm. Pentru a face acest lucru, este bine să ne punem o întrebare de provocare, ca de exemplu: „Dacă poziția mea nu este cea mai bună?" Eu pot să fiu convins că fumatul îmi reduce stresul, că mă face important și că nu pot să renunț la el. Dar dacă acestea sunt doar argumente manipulante, care mă împiedică din a reuși? Indiferent ce sunt, ele reprezintă un „picior" care susține convingerea, de aceea trebuie provocate.

• Eliminarea - după ce le-ai identificat pe toate, începe să le elimini unul după altul. Atenție! Eliminarea nu este posibilă fără al patrulea pas, și anume:

• Înlocuirea - scopul creierului este să asigure corpului o funcționare foarte bună și, din acest motiv, el se opune procesului de eliminare a convingerilor greșite, căutând să evite suferința și să păstreze confortul. Deci ceea ce trebuie să faci în acest punct este să înlocuiești imediat fiecare „picior" pe care îl elimini, cu altul. Făcând aceasta, tu îi dai creierului un sentiment de siguranță, creându-i iluzia că acel „picior" este tot acolo, când de fapt este altul. Înlocuind fiecare imagine („picior") negativă cu una pozitivă, la un moment dat creierul va fi obligat să permită schimbarea „șezutului" pe care stai, cu cel pe care l-ai ales.

Va sfătuiesc să folosiți și tactica înlocuirii, nu doar pe cea a eliminării, pentru a obține un efect pozitiv în viitor. Este evident că pentru a te opri din fumat, trebuie să elimini țigările. Acest lucru este realizabil, dacă ți-ai făcut un plan de viitor, în care să folosești înțelept banii pe care i-ai risipit pe țigări. Tu poți să elimini această adicție, însă trebuie să fii atent, pentru că banii câștigați acum se pot duce pe alte lucruri neimportante, dacă nu îi investești inteligent și benefic. La fel se întâmplă dacă ți-ai propus să renunți la mâncarea și băutura nesănătoasă. Odată ce ai înlocuit convingerile care susțineau acest obicei și te-ai convins că nu este bine să mănânci şi să bei în exces, îţi creezi un obicei sănătos, înlocuind mâncarea nesănătoasă cu mâncare sănătoasă. De fapt, creezi o alternativă la convingerile anterioare.

• Crearea unei alternative - al cincilea pas care întăreşte schimbarea este crearea unei alternative. Nu poţi doar să te mulţumeşti că ai scăpat de un obicei care te trăgea în jos, ci vrei să creezi un altul, care să te propulseze înainte. Dacă ai scăpat de fumat, şi cred că ai reuşit, este timpul să îţi faci un plan pentru viitor, altfel vei cădea în alte dependenţe, care te vor conduce spre aceeaşi soartă. Construieşte o alternativă pe care să o repeţi până când devine obicei şi atunci eşti salvat.

Secretul reuşitei constă în aprecierea şi răsplătirea fiecărui pas pe care îl faci. Pentru o schimbare autentică, trebuie să recompensezi fiecare reuşită, oricât de mică ar fi, deoarece atunci te simţi apreciat, împlinit, fericit şi motivat să continui. Cum poţi să faci acest lucru? Sunt multe metode pe care le poţi folosi:

- prin apreciere - adică să foloseşti tot felul de vorbe pozitive şi încurajatoare, prin care să îţi apreciezi progresul. Nu aştepta ca cei din jur să te aprecieze; fă-o chiar tu.

- prin recompensă sau răsplătire - nu îţi mulţumi doar pentru progres, prin aprecieri, ci fă mai mult: recompensează acele aprecieri, pentru ca motivaţia să fie şi mai mare. Răsplăteşte-te cu un film, cu o vacanţă, cu o ieşire în oraş, cu o cină romantică cu soţia sau cu prietenii... Gândeşte-te că acea recompensă ţi-o permiţi ca urmare a renunţării la o adicţie şi a economisirii banilor pentru adicţia respectivă. În plus, s-ar putea să îţi rămână bani pentru economii.

Dacă lângă tine sunt persoane gata să te susţină în procesul schimbării unui obicei sau a eliminării unei dependențe, atunci spune-le ce vrei să faci înainte de a începe, pentru ca să te motiveze și să fie lângă tine pe toata durata schimbării. Când cei din jur apreciează progresul nostru, ne simțim mult mai motivați să continuăm. Totuși, dacă nu ai pe cineva lângă tine, atunci caută să te apreciezi și să te răsplătești singur. Poți să schimbi orice și singur. Secretul este să te păstrezi motivat și pasionat pe durata schimbării. Încurajarea este oxigenul sufletului.

• Crearea unei ținte - al șaselea pas este să descoperi motivul pentru care vrei să te schimbi. Care este acesta? Probabil că vrei să devii responsabil sau disciplinat. Este bine, dar încă nu ai descoperit sursa de motivație. Ținta pe care o pui înaintea ochilor tăi trebuie să fie motivatoare, iar pentru a face asta, mai întâi e nevoie să descoperi care este lucrul cel mai important pentru tine.

Întreabă-te care este lucrul pe care îl prețuiești cel mai mult și în care ai fi gata să investești orice, chiar dacă ar însemna să suferi. Acel lucru este diferit pentru fiecare: unii sunt pasionați de cariera lor, la care muncesc fără să obosească; alții sunt pasionați de partenerul de viață, de visul pe care îl au, de afacerea pe care vor să o dezvolte, de copii etc. Pentru unii oameni, Dumnezeu este mai presus de orice.

Care este lucrul pe care tu îl prețuiești cel mai mult și pentru care ai fi dispus să suferi? Dacă l-ai descoperit, atunci pune-l înaintea ta, pentru că va reprezenta ținta, dar în același timp și motivul pentru care vei schimba orice obicei și orice convingere negativă care te frânează. Când va înțelege mecanismul, creierul tău va colabora pentru obținerea rezultatului final, adică atingerea țintei. În bătălia aceasta a transformării, îți vei forma un caracter extrem de puternic. Totuși, singurul lucru pe care nu îl poți schimba este cel pe care nu ești motivat să îl schimbi. Dacă există motivație, poţi să realizezi imposibilul.

• Recompensa - cu fiecare zi care trece trebuie să te apreciezi pe tine pentru reuşită. Dacă ai biruit ispita de a relua vechiul obicei, atunci felicită-te chiar în acel moment, pentru ca creierul tău să perceapă beneficiile. Dacă însă se întâmplă să eşuezi şi să cazi, nu este nicio problemă, o iei de la capăt. Totuşi, în această situaţie, este foarte important să te focalizezi pe durerea profundă, pentru a imprima în mintea ta efectul negativ.

Să presupunem că vrei să nu mai întârzii. Ţi-ai propus să devii o persoană punctuală, indiferent despre ce situaţii este vorba. Atunci când ai reuşit să atingi ţinta, recompensează reuşita. Simte-te împlinit şi mândru. Însă dacă nu ai reuşit, acordă durere nereuşitei. Simte-te profund îndurerat de întârziere, neîmplinit şi ruşinat. Astfel, creierul va înţelege şi va găsi motivaţia necesară pentru ca să schimbi acest obicei.

8
Primul pas

Unde îţi vei sfârşi viaţa şi cum vei sfârşi au legătură cu iniţiativa pe care o iei. Mai exact, de unde începi, când începi şi dacă începi. Dacă acum vei lua atitudine şi vei aplica în viaţa ta tot ce ai învăţat, atunci cu siguranţă că felul în care vei sfârşi va fi unul pozitiv. La fel va fi cu fiecare emoţie, circumstanţă, gând, convingere, alegere, acţiune şi rezultat pe care îl vei experimenta. Persoanele care iau iniţiativa şi încep, au toate şansele să reuşească, însă cele care nu iau iniţiativa se îndreaptă spre un singur destin, numit eşec.

Sunt sigur că până în acest moment ai descoperit lucruri pe care trebuie să le schimbi la tine, care te încetinesc sau te depărtează de locul în care vrei să ajungi. Pot să pariez că există un obicei pe care ar trebui să îl schimbi, o convingere pe care trebuie să o înlocuieşti, un principiu pe care ar trebui să ţi-l formezi, o adicţie de care ar trebui să scapi, o componentă a caracterului pe care ar trebui să o asimilezi, sau o valoare pe care ar trebui să o prioritizezi. Dacă vrei să ajungi undeva şi să devii persoana care ţi-ai propus să devii, atunci este timpul să acţionezi acum.

Ştii ce trebuie să faci pentru a obţine schimbarea mult aşteptată şi poate ştii şi de ce nu credeai că ai nevoie de ea.

În oricare dintre situații este important că ești hotărât sută la sută. Din acest moment, începi să trăiești cu adevărat. Gata cu supraviețuirea, este timpul pentru realizări.

Am vorbit despre atât de multe lucruri care conduc spre succes odată ce sunt aplicate, însă schimbarea în sine va continua să fie doar un vis, până în momentul în care facem primul pas. Acesta este cel ce va face diferența în tot ce am învățat până acum, fie că este vorba de obiceiuri pe care vrem să le schimbăm, de convingeri, de dependențe de care vrem să scăpăm, de situații financiare, de carieră, sau de visuri.

Deși primul pas este cel mai important, fiind începutul unui proces, totuși, cei mai mulți nu îl fac. Studiem despre ce vrem să schimbăm, învățăm multe lucruri, însă rar se întâmplă să acționăm. Indiferent ce anume vrei să schimbi vreodată în viață, cel mai important este primul pas, deoarece următorii vor veni natural, cu un pic de perseverență. Pentru a face primul pas, trebuie să te simți suficient de motivat, astfel încât să fii dispus să treci printr-o durere de scurtă durată, pentru o schimbare pe viață.

Lucrurile de care ai nevoie pentru a fi motivat

1) Entuziasmul
Îți oferă tot ceea ce ai nevoie pentru ca să începi. El este cel care te conduce la acțiune. Dacă nu te simți suficient de motivat, niciodată nu vei fi gata să faci primul pas.

2) Pasiunea
Îți oferă continuitatea entuziasmului care te-a condus spre acel prim pas. Primul pas este doar începutul, de aceea vrei să continui. Vi s-a întâmplat vreodată să fiți extrem de

entuziasmați pe moment, așa încât ați simțit că sunteți gata să întoarceți lumea cu susul în jos? Eu da, și cred că și vouă vi s-a întâmplat. Aceste momente reprezintă ceea ce aveți nevoie pentru a începe. Sunt primele zile ale dorinței de a schimba, însă după aceste zile, treptat, simțiți că entuziasmul nu mai este la fel. Deja nu mai știți dacă puteți continua, deși înainte erați siguri pe voi sută la sută. În timp, deveniți tot mai vulnerabili și tentați să vă întoarceți la viața de dinainte.

Întrebarea care se pune este: cum să rămân concentrat pe schimbare, fără să îmi pierd motivația? Răspunsul este pasiunea. Pentru a continua procesul, chiar dacă entuziasmul nu mai este la fel, trebuie să găsesc acel lucru care mă ține pasionat și dornic. Care este lucrul pentru care ai fi dispus să suferi, să pierzi, să sacrifici, să lucrezi, să rabzi, dacă este nevoie? Pentru fiecare dintre noi, acel lucru este diferit. În cazul unora, acesta poate fi chiar ei înșiși, deși este rar. Pentru alții, poate să fie soția, prietena, partenerul sau copiii; visul și dorința realizării acelui vis; cariera, influența, popularitatea; dorința de a-i ajuta pe alții; credința în Dumnezeu; stabilitatea economică sau fericirea.

Care este pentru tine acel lucru? Caută neapărat să îl descoperi, deoarece este cheia spre succes. Acel ceva va reprezenta sursa pasiunii care îți va hrăni entuziasmul de a continua. Odată ce l-ai găsit, pune-l înaintea ta, așa încât să îți reamintească în mod repetat de ce îl vrei. O persoană pasionată de ceva este de neoprit.

În procesul schimbării pe care l-ai început, repetă-ți ție însuți de ce vrei să schimbi acel ceva la tine: „Vreau să mă schimb pentru că doar așa îmi voi îndeplini visul!” „Vreau să mă schimb pentru ca să fiu plăcut lui Dumnezeu!” „Vreau să mă schimb pentru a fi mai bun pentru familia mea!” „Vreau

să mă schimb pentru a-mi crea o situație financiară mai
bună!" Indiferent care este motivul, păstrează-l şi reaminteş-
te-ți-l, pentru că îți oferă pasiunea de care ai nevoie.

3) Dedicarea

Următorul lucru pe care trebuie să îl faci este să te
dedici acelei schimbări. Dedicare înseamnă să pui deoparte
din timpul tău, pentru a găsi în mod continuu soluții care
ulterior te vor conduce spre rezolvarea şi aplicarea planului
propus. Este posibil ca undeva, pe drum, să cazi testul şi să
revii la obiceiul de care încerci să scapi. Ridică-te şi conti-
nuă. Nu te lăsa bătut până nu reuşeşti!

4) Acțiunea

Dedicarea este reală doar atunci când acționezi fără
întrerupere în ea. În caz contrar, sau dacă o faci doar pen-
tru o perioadă, motivația va dispărea. Acțiunea este cea ca-
re face ca dedicarea să fie autentică. Acționând cu pasiune
şi dedicându-te planului de schimbare, vei obține rezultate-
le mult aşteptate.

5) Mediul

Mediul în care te afli va creşte sau va descreşte şan-
sele schimbării. Dacă te înconjuri de persoane negative, care
nu văd decât în negru, îți va fi de două ori mai greu să re-
uşeşti. Poți să fii cel mai rapid din lume, însă dacă te pun în
nămol, vei fi încetinit semnificativ. Înconjoară-te de oameni
pozitivi, care să te încurajeze în ceea ce faci şi să aprecieze
fiecare progres, oricât de mic ar fi el. Dacă nu ai posibilita-
tea susținerii din partea unui astfel de grup, nu trebuie să te
îngrijorezi. Vei putea şi singur, dar atunci trebuie să fii foarte
atent la negativismul care vine din jur şi să nu îl accepți.

Mai mult, focalizează-te pe motivația și pe aprecierea pe care ți le dai tu însuți.

6) Reactualizarea

Ultimul lucru pe care trebuie să îl faci este să te pui pe tine însuți într-o continuă actualizare. În acest proces, vei face lucruri care fie te vor propulsa în față, fie te vor trage înapoi. Vor fi lucruri care te vor ajuta semnificativ și lucruri care nu te vor ajuta. Toate acestea trebuie privite atent și reactualizate în mod constant.

Exemplu: Pe o foaie de hârtie sau unde dorești tu, notează în două coloane paralele, separate de o linie, următoarele:

- lucruri care te ajută semnificativ și

- lucruri care te încetinesc în procesul prin care treci.

Ține evidența lor în timp, eliminându-le pe cele care nu te ajută și focalizându-te pe cele care îți aduc îmbunătățiri. Astfel, vei evita stagnarea și vei obține rezultate.

O greșeală constantă pe care o observ la persoanele din jurul meu este repetarea unui lucru care nu funcționează. Este imposibil să ai parte de rezultate diferite, atâta timp cât faci aceleași alegeri și repeți aceleași acțiuni. Pentru rezultate diferite, ai nevoie să alegi diferit, de aceea evidența progresului și reactualizarea datelor reprezintă secretul care te conduce spre reușită.

Thomas Edison este persoana care a înțeles importanța evidenței și a actualizării constante, în încercarea lui de a crea ceva care să ardă fără întrerupere, becul. După o mie de eșecuri, cum le-au numit cei din jurul lui, avea să dea marea lovitură și să reușească. Interviervat și întrebat ulterior ce l-a determinat să persevereze în ciuda eșecurilor

repetate, Edison a spus: „Eu nu am eşuat nici măcar o sin-
gură dată. Dimpotrivă, în tot acest timp am găsit metodă
după metodă, care pur şi simplu nu au funcţionat".

Edison a considerat ceea ce noi am numi eşec, o altă
metodă care nu funcţionează. El a ţinut evidenţa lucrurilor
care funcţionau şi a celor care nu funcţionau, reuşind ceea
ce şi-a propus. De fiecare dată când găsea o metodă care nu
funcţiona, el o scria pentru ca să nu o mai repete. Astfel, de
fiecare dată încerca ceva nou. Ulterior, după sute de des-
coperiri care nu au funcţionat, a găsit în sfârşit una care a
funcţionat şi a schimbat lumea pentru totdeauna.

La fel este pentru mine şi pentru tine, dacă vrem să
reuşim într-adevăr ce ne-am propus. Trebuie să scăpăm de
fiecare metodă care nu funcţionează şi să ne concentrăm pe
alta şi pe alta, până când, la un moment dat, descoperim
metoda care ne propulsează înainte, spre succes.

Procesul de schimbare

Acceptând faptul că acum te afli în plină schimbare,
aş vrea să îţi spun cum şi cât durează până când un obicei, o
adicţie sau o convingere se schimbă. Psihologii au descope-
rit că o persoană are nevoie de aproximativ treizeci de zile
pentru ca mintea şi corpul să se obişnuiască cu o nouă ruti-
nă. Pentru rezultate sigure, aceasta trebuie practicată zil-
nic, altfel va ajunge să dureze chiar mai mult.

În primele zece zile de schimbare va trebui să scapi de
forţa G - gravitaţională. Primele zece zile sunt cruciale, de-
oarece mintea şi corpul tău sunt în zona de confort şi îţi vor
spune „nu, nu, nu". În aceste zile este obligatoriu să te
împotriveşti semnalelor pe care creierul ţi le dă şi să îţi

foloseşti voinţa pentru a continua. Cele zece zile de perseverenţă vor face diferenţa şi te vor conduce spre o nouă rutină pozitivă şi benefică.

Între a zecea şi a douăzecea zi de schimbare va trebui să scapi de forţa R - rezistenţa. În punctul acesta nu mai este atât de greu ca la început, totuşi, va exista puţină rezistenţă pe ici, pe colo. Se estimează că semnalele de întoarcere la vechea rutină, pe care creierul le trimite, sunt slabe şi puţine, cam două, trei pe zi. Ele pot fi respinse pe moment, astfel încât, prin schimbarea focalizării, vei putea continua fără să fii afectat de semnale.

Între a douăzecea şi a treizecea zi urmează al treilea proces numit A - aclimatizare. Acum, începi să te obişnuieşti cu noua rutină cu care ai înlocuit-o pe prima. Creierul renunţă la ceva şi implementează altceva. De aici eşti în siguranţă, cu o rutină pozitivă şi benefică. Partea minunată este că odată formată o nouă rutină, ea va merge de la sine. Nu mai ai nevoie de voinţă ca să nu faci ce făceai înainte şi nici ca să faci ce faci acum, deoarece creierul te va atenţiona constant cu privire la ceea ce ai învăţat să practici.

Exemplu: Să presupunem că ai înlocuit un obicei vechi cu unul nou. Înainte, obişnuiai să petreci două ore la televizor sau pe site-uri de socializare, dar simţeai că lucrul acesta nu îţi aduce niciun beneficiu şi că pierzi timpul. Prin urmare, ţi-ai propus să renunţi la vechiul stil şi să înlocuieşti televizorul sau internetul cu cititul. Timp de treizeci de zile ai implementat noul obicei, iar în prezent, investiţia în citit contribuie la creşterea şi dezvoltarea ta personală.

Aşadar, au trecut treizeci de zile de când ai făcut primul pas, iar acum te bucuri de noul obicei benefic. Partea frumoasă este că de acum încolo nu mai trebuie să-ţi foloseşti voinţa pentru a citi, în loc să priveşti la televizor, deoarece creierul tău a acceptat vechiul obicei ca fiind negativ şi noul obicei ca fiind pozitiv. Astfel, cititul a devenit ceva natural şi este acum parte din tine. Înainte, creierul te făcea să te simţi prost dacă nu practicai vechiul obicei, dar acum te face să te simţi prost dacă nu practici noul obicei. Aceasta este partea frumoasă, care rezultă din obiceiuri bune. Aşadar, alegerile le faci în funcţie de convingerile şi de obiceiurile pe care le asimilezi zilnic, iar obiceiurile te pot conduce ori spre succes, ori spre eşec.

S-a afirmat că ideile pe care ni le creăm, se transformă în realitate. Când repeţi din nou şi din nou, adoptând **gânduri** pozitive cu privire la un lucru, acestea devin o convingere în baza căreia alegi în viitor. Apoi, în urma convingerii vei experimenta un rezultat pozitiv. Cu alte cuvinte, ceea ce vizualizezi în mintea ta, aceea devine realitate.

Vorbire şi vizualizare

1) Vorbire

Conversaţia cu tine însuţi prin vorbire este o formă de programare subconştientă, care îţi cere să fii prezent la ambele capete de fir ale dialogului. Tu îţi spui ţie însuţi. În mod obişnuit, dialogul constă din sesiuni repetate de întrebări şi răspunsuri, stimulate de lucrurile din jur şi de circumstanţe. Dialogul interior tinde să fie un dialog întâmplător, reactiv, mai degrabă decât unul gândit. Formatul întrebare-răspuns este modalitatea prin care creierul evaluează experienţele. Pentru a beneficia de acest dialog, trebuie să comunicăm conştientului în mod intenţionat ceea ce vrem să facem.

De exemplu, dacă vrei să schimbi ceva, trebuie să comunici conştientului ce vrei să faci. Cu ajutorul listei pe care am propus-o anterior, cu privire la lucrurile pe care vrei să le schimbi, vei putea să îți clarifici ce vrei să faci şi de ce. Când creierul va asimila ceea ce vrei şi va deveni conştient de plusuri şi de minusuri, va contribui la schimbarea dorită. Acum, dacă ştii ce vrei să schimbi, scrie pe o foaie şi repetă în fiecare zi, până când vei observa că ţi s-a schimbat convingerea. Păstrează foaia respectivă şi reciteşte-o cu voce tare şi cu claritate, până când ceea ce ai scris este şi ceea ce crezi tu despre tine. Doar atunci schimbarea pe care vrei să o experimentezi este garantată.

Un exemplu despre puterea vorbelor rostite este Stephen Curry, un baschetbalist american profesionist, în National Bascketball Association (NBA). A fost numit cel mai bun executant din istoria baschetului. În anul 2015, a câştigat premiul pentru cel mai bun jucător din NBA. A condus echipa lui Golden State Warriors în prima ligă, încă din 1975. În 2012 a stabilit un record în NBA cu 272 de puncte. În 2014 a depăşit acel record cu 286 de puncte. În 2015 a depăşit din nou recordul cu 382 de puncte. A fost numit de trei ori NBA All-Star. Toate acestea sunt doar parte din reuşitele baschetbalistului Stephen Curry.

Probabil că vă întrebaţi, la fel cum m-am întrebat şi eu, care este motivul din spatele succesului. Secretul constă în conversaţia şi vizualizarea pe care le-a avut şi le are cu el însuşi. Stephen are un motto în viaţă, pe care îl repetă de fiecare dată când intră pe teren. Acesta este Filipeni 4:13: „Pot totul în Cristos care mă întăreşte". Acest verset l-a condus pe primul loc, iar de pe primul loc, la cel mai bun din istoria NBA. Într-un interviu, el a spus: „Oamenii ar trebui să ştie cine sunt şi pe cine reprezint. Îl reprezint pe Isus Cristos. Motivul pentru care îmi bat pieptul şi arăt în sus este pentru că inima mea bate pentru Dumnezeu".

Vorbele pe care ni le spunem nouă înșine pot să ne direcționeze fie pe culmile succesului, pe care nimeni nu a mai fost înainte, fie să ne limiteze în mediocritatea în care cei mai mulți se complac. Tu ești singurul responsabil pentru cuvintele pe care ți le adresezi ție însuți. Dacă îți spui că nu poți sau dacă nu crezi, ți se va face după credința ta, dar dacă vei fi plin de pozitivism și de pasiune, atunci nimic nu te va putea opri. Stephen Curry a doborât orice record pentru că a crezut ceea ce și-a spus, și anume că poate totul în Cristos, care îl întărește. Rostind și crezând aceste cuvinte în mod constant, vei ajunge și tu să crezi ceea ce spui, iar atunci cu adevărat vei putea totul.

2) Vizualizare

Vizualizarea pozitivă este o tehnică de programare subconștientă. Se realizează prin imaginarea rezultatelor, înainte ca acestea să aibă loc în realitatea fizică. Prin vizualizare, o persoană poate să aleagă imprimarea unor imagini pozitive în minte, care îi vor modela gândurile și concentrarea. Această tehnică se află la îndemâna oricui. Odată ce o înveți și o stăpânești, ea te va ajuta să realizezi, să schimbi sau să îmbunătățești orice obicei și convingere, sau să elimini o adicție.

Această practică numită vizualizare se realizează în subconștientul tuturor oamenilor, fie în mod pozitiv, fie în mod negativ. Cei mai mulți însă nu sunt conștienți de ea, de aceea sunt conduși de gânduri lăsate la voia întâmplării. Subconștientul tău este responsabil pentru succesul, eșecul sau mediocritatea ta pe termen lung. Dacă, de exemplu, există tot felul de gânduri negative, atunci acestea te vor „forța” să vizualizezi imagini negative. Dacă pui în schimb gânduri pozitive, vei vizualiza imagini pozitive.

Pentru a beneficia total de această abilitate, trebuie să învățăm să o practicăm, aplicând un control asupra gândurilor. Ori le controlăm noi pe ele, ori ele ne controlează pe noi.

Imaginile pozitive și benefice vor veni în urma gândurilor pozitive pe care le plantăm și care au legătură cu obiceiul pe care vrem să îl creăm, cu convingerea sau cu adicția de care vrem sa scăpăm. De exemplu, când repetăm cu voce tare, în mod intenționat, beneficiile de care avem parte dacă ne vom schimba, noi adoptăm gânduri pozitive în mintea noastră, iar acestea creează imagini pozitive. Când avem imagini pozitive și creierul este informat de toate beneficiile care vor rezulta din schimbare, respectiv de toate pierderile pe care le vom suferi dacă nu ne schimbăm, el va fi motivat să înlocuiască imediat acel obicei.

Pentru rezultate maxime, trebuie:

- să rostim cu voce tare toate beneficiile și pierderile,

- să ne imaginăm acele beneficii și pierderi în mintea noastră.

Exemplu: Să presupunem că vrei să schimbi prostul obicei de a bârfi. În această situație, ai de parcurs două etape importante, și anume:

Vizualizează negativ: Imaginează-ți în mintea ta cum te transformă acest obicei într-o persoană de neîncredere, dar și într-un prieten pe care nimeni nu ar vrea să îl aibă. Imaginează-ți că dacă vei continua să bârfești, toți se vor feri de tine, pentru că le va fi frică să nu le spui secretele. Imaginează-ți că Dumnezeu este nemulțumit de tine pentru că bârfești. Imaginează-ți că bârfa te face să fii o persoană fără caracter și reflectă slăbiciunea pe care o ai.

Toate acestea sunt imaginile negative pe care ți le spui cu voce tare, dar pe care le și vizualizezi în mintea ta, pentru un impact și mai mare. Înțelegând toate acestea, creierul va percepe cât de dăunător este pentru tine acest obicei și astfel se va deschide pentru a-l schimba.

Vizualizează pozitiv: Acum, după ce ai vizualizat părțile negative și le-ai conștientizat în creierul tău, este timpul să devii conștient de câștigurile care vor veni în urma schimbării. Imaginează-ți prietenia adevărată pe care o vei avea și pe care ceilalți vor putea să conteze. Imaginează-ți încrederea pe care cei din jur o vor avea în tine. Imaginează-ți cum te va privi Dumnezeu acum și cât de mulțumit va fi de tine. Imaginează-ți stima de sine pe care o vei avea. Toate acestea și multe altele pe care tu alegi să le vizualizezi pozitiv te vor ajuta să ajungi unde ți-ai propus și să realizezi ce ți-ai propus.

9
Gândurile

Creierul uman este sediul gândirii şi este cel mai complex organ din univers. Uită-te în jurul tău şi imaginează-ţi că tot ceea ce vezi este rezultatul acestui creier, care a operat prin gânduri. Tot ce a realizat omul vreodată, bun sau rău, a început cu un gând. Tot ceea ce tu realizezi sau ai realizat până acum are la bază un gând. La un moment dat a fost doar un gând, care, pus în acţiune, s-a transformat într-un telefon, într-o maşină, casă, avion şi multe altele. Milioane de obiecte „provin" din acelaşi loc numit creier, prin forma aceluiaşi lucru numit gând. Toate realizările noastre au venit în urma gândirii.

Gândurile sunt sursa succesului, a prosperităţii, a fericirii, a viselor, a planurilor, a tuturor descoperirilor, invenţiilor şi realizărilor. Imaginează-ţi că toate alegerile pe care le faci, bune sau mai puţin bune, provin din gânduri. Tot ceea ce eşti, eşti datorită gândurilor. Vrei să ştii de ce ai acţionat în felul în care ai acţionat în anumite momente? Răspunsul este: datorită gândurilor pe care te-ai concentrat. Convingerile pe care le ai şi emoţiile pe care le simţi în momente diferite au toate aceeaşi sursă numită gânduri. Obiceiurile, dependenţele, curiozităţile au aceeaşi origine.

Gândurile reprezintă izvorul tuturor lucrurilor în viață. Convingerile, obiceiurile, alegerile, acțiunile și ulterior experiențele, toate se datorează gândurilor unei persoane. Gândurile reprezintă rădăcina tuturor lucrurilor. Ceea ce vezi la suprafață este caracterul, obiceiurile și acțiunile cuiva, însă sursa reală se află în interior, ascunsă în minte. Mintea este cea care produce tot ceea ce experimentăm în interior și în exterior, prin gândurile pe care le creăm.

„Seamănă un gând și vei secera o acțiune,
seamănă o acțiune și vei secera un obicei,
seamănă un obicei și vei secera un caracter,
seamănă un caracter și vei secera un destin.”
(Stephen Covey)

Convingerile pe care o persoană le are s-au format în urma gândurilor, iar gândurile sunt pentru creier acele imagini prin care se realizează procesul de formare. Fiecare gând pe care îl experimentezi reprezintă o imagine, care, pusă împreună cu alt gând, poate să formeze o convingere. Convingerea este compusă din mai multe gânduri repetate, adunate laolaltă. Când creierul adună suficient de multe informații, gânduri, sau imagini despre un anumit lucru, le transformă într-o convingere.

De exemplu, să presupunem că ți-aș oferi în minutul următor o țigară și ți-aș propune să fumezi. Dacă tu ai o convingere negativă cu privire la fumat, cu siguranță vei respinge propunerea mea, iar dacă te-aș întreba de ce, ai veni cu câteva argumente prin care îmi vei spune lucruri negative. Probabil îmi vei spune că nu este sănătos, că miroase oribil, că necesită bani aruncați, că provoacă cancer, că produce stres și dependență. Bineînțeles că lista poate să continue în funcţie de persoană, însă ceea ce vreau să observi este că fiecare convingere necesită câteva informaţii care reprezintă argumentele pentru care crezi sau nu crezi într-un mod sau altul.

Convingerea porneşte de la nivelul gândurilor. Odată ce mai multe gânduri despre un anumit lucru sunt puse cap la cap, ele formează o convingere. Partea importantă este că pentru orice lucru nou pe care îl auzi sau pe care îl experimentezi, creierul îşi formează o convingere bazată pe imaginea sau pe definiţia pe care ai dat-o din informaţiile adunate. Într-un cuvânt, dacă vrei să creezi convingeri bune, pe viitor va trebui să fii foarte atent la gândurile pe care le primeşti în inima ta sau în mintea ta, pentru că ele îţi vor defini traiectoria în viaţă. Fiecare convingere pe care o vei crea în viitor va putea să te ajute în creşterea ta, dacă vei întelege cum funcţionează gândurile.

Importanţa gândurilor

Gândurile sunt cele mai importante bătălii pe care fiecare dintre noi le dăm. Orice victorie şi orice eşec au loc mai întâi la nivelul minţii. Întotdeauna diavolul va lupta să ne controleze gândurile, pentru că atunci va câştiga controlul asupra vieţilor noastre. Gândurile sunt cele care produc convingeri, convingerile produc alegeri, iar din alegeri rezultă experienţele.

Solomon a spus: „Cum gândeşte un om în inima lui aşa este". Dacă vrei cu adevărat să îţi controlezi viaţa îndreptând-o în direcţia dorită, atunci trebuie să începi prin controlul gândurilor. Fii selectiv şi nu lăsa ca gândurile negative să îşi facă cuib în inima ta. Respinge-le! Totuşi, dacă se întâmplă să pierzi pe moment şi să cazi pradă acestor gânduri, nu persista în ele. Chiar dacă uneori nu suntem suficient de selectivi ca să le oprim să intre, totuşi, în orice clipă avem posibilitatea de a le înlocui.

De exemplu, dacă se întâmplă să gândeşti negativ într-o situaţie şi să nu vezi calea de ieşire, acesta este un semn că trebuie să te deconectezi de gândurile respective. Schimbă-le în momentul în care ţi-ai dat seama de ele. Fă ceva diferit vreme de zece minute şi deconectează-te. E adevărat, îţi trebuie timp pentru a te rupe de tot de ele, iar acest timp variază de la persoană la persoană. Încearcă acest lucru şi apoi uită-te din nou la situaţia cu care te confrunţi şi vezi ce gânduri îţi vin de data aceasta.

Atenţie! Gândurile negative vor veni din nou şi din nou, dar acum eşti deja atent la ceea ce laşi să intre şi ai devenit selectiv. Uită-te la toate variantele pe care creierul le pune înaintea ta pentru a alege şi adoptă cea mai bună variantă pozitivă. Doar atunci vei putea să gândeşti limpede şi să te eliberezi de presiune, luând astfel deciziile cele mai bune. Ia controlul asupra gândurilor tale şi vei putea să îţi controlezi viaţa. Gândurile sunt cele care îţi dau informaţii cu privire la realitatea vieţii. Dacă ai control asupra lor, vei avea control asupra vieţii, dar dacă nu ai control asupra lor, nu vei avea control asupra propriei tale vieţi. Întotdeauna vei deveni ceea ce crezi despre tine, în mintea ta. Cu alte cuvinte, vei crede potrivit gândurilor pe care le accepţi.

Psihologii apreciază că o persoană obişnuită experimentează zilnic între 20 000 şi 60 000 de gânduri. Toate laolaltă formează ziua, săptămâna, luna, anul şi viaţa şi tot ele definesc experienţele, alegerile şi acţiunile. Fericirea, succesul şi împlinirea depind în mare măsură de gânduri. Importanţa lor este mai mare decât ţi-ai imaginat vreodată. De fapt, eşti ceea ce eşti datorită gândurilor pe care le-ai acceptat.

Cea mai bună comparație cu privire la gânduri a folosit-o Isus. El a spus că acestea sunt precum păsările care zboară deasupra casei. Niciunul dintre noi nu are posibilitatea de a le împiedica să treacă peste casele noastre, însă cu siguranță fiecare dintre noi avem puterea de a le opri să își facă cuib. Tu nu poți să oprești gândurile să treacă prin mintea ta, dar cu siguranță că poți să le oprești să își facă cuib. Nu accepta ca gândurile negative să își facă cuib înăuntrul tău.

Oricare dintre noi are posibilitatea și puterea de a decide dacă se lasă afectat sau nu de vorbele celor din jur. La fel este și cu gândurile personale. Eu și tu suntem stăpânii propriilor noastre minți. Dacă vrei să te asiguri de succes în viață, asigură-te că urmezi ceea ce a spus Isus. Duhul Sfânt pe care Dumnezeu L-a trimis după înălțarea lui Isus este Cel care pune înăuntrul tău fiecare gând pozitiv și moral, de aceea, fii sigur că vei deveni sensibil la vocea Lui, nu la cea negativă. Isus este autorul unei vieți extraordinare. O viață de succes înseamnă o viață în care Isus este Domn în primul rând peste mintea ta, din care ulterior vor rezulta toate gândurile pozitive care îți vor forma viața.

Gândurile sunt acele imagini interioare care produc emoții și stări sentimentale. Pentru a te simți pozitiv și energic, tot ce trebuie să faci este să gândești pozitiv și să fii optimist. Foarte mulți oameni sunt pasionați de anumite lucruri, în anumite momente, dar după un timp descoperă că pasiunea nu mai există. Motivul este că acele gânduri puternice pe care le-au procesat în creier, precum: „Am să fac o diferență!”, „Am să reușesc!”, „Am să schimb lumea cu ajutorul lui Dumnezeu!”, s-au transformat în gânduri mai puțin pozitive, precum: „Nu știu dacă am să reușesc!”, „Este mult prea greu!”, „Nu cred că sunt persoana potrivită, deci

Dumnezeu va alege pe altul!" etc. Aceasta este diferența dintre persoana pasionată și persoana pasivă. Gândurile conduc la pasiune sau la pasivitate și tot ele generează energia și entuziasmul atât de necesare pentru a realiza ceva.

Ceea ce vreau să îți spun este că secretul unei vieți energice, entuziasmate, fericite, realizate, vine ca rezultat al gândurilor pe care le cultivi în mintea ta. Un om este fericit atunci când se concentrează în mintea lui pe lucrurile frumoase și pozitive. Un altul este nefericit pentru că se focalizează pe lucrurile pe care nu le are, pe cât de slab este, pe cât de nedreaptă este viața și așa mai departe. Dumnezeu ne-a dat mintea, care face parte din sufletul nostru, pentru a o folosi spre slava Lui și spre împlinirea noastră. Însă diavolul luptă pentru sufletul nostru, deci și pentru mintea noastră, iar odată ce ne câștigă sufletul, ne câștigă și viața.

Dacă este ceva ce trebuie protejat mai mult decât orice pe acest pământ, atunci acela este sufletul. Asigură-te că Dumnezeu este stăpân peste sufletul tău și atunci viața ta nu va cunoaște limite, nici spiritual, nici material. Dumnezeu este autorul unei vieți minunate și împreună cu El viața primește culoare și prinde contur.

Sursa gândurilor

În fiecare zi, prin creierul nostru trec mii de gânduri despre multe lucruri, fie pozitive, fie negative. Totuși, ce fel de gânduri permiți să rămână în creierul tău depinde doar de alegerea ta și a mea. Gândurile asupra căror medităm și pe care ne focalizăm se vor stoca în creierul nostru, de aceea trebuie să fim selectivi cu privire la ele.

În lume sunt două forțe: una bună și una rea, una pozitivă și una negativă. Tot ce vezi în jurul tău bun este rezultatul operării forței pozitive, iar ce este rău este rezultatul operării forței negative. Tot la fel, există doar două tipuri de persoane, și anume: persoane care gândesc pozitiv și persoane care gândesc negativ. Fiecare om se încadrează într-una dintre aceste două feluri de gândire. Ceea ce alegi să gândești determină ceea ce vei experimenta. Dacă alegi să gândești negativ (că nu vei reuși, că nu ești suficient de talentat, că nu ai ce trebuie), atunci cu siguranță că acțiunea va fi pe măsură, conducând la limitare. Dacă însă alegi să crezi că poți, că ai tot ce îți trebuie și că vei reuși, atunci nimic nu va putea să te oprească să reușești.

În cazul în care ești o persoană pesimistă de felul tău și îți este greu să schimbi ceva, atunci permite-mi să îți dau o veste bună. Nu există persoane care s-au născut cu o gândire pozitivă și nici persoane care s-au născut cu o gândire negativă. Gândirea fiecărui individ s-a format într-un fel sau altul de-a lungul vieții. Societatea, familia, prietenii și toți ceilalți cu care ai venit în contact te-au transformat în ceea ce ești. Negativismul este precum gripa, se ia de la ceilalți; însă la fel este și pozitivismul. Dacă ești o persoană negativă, tot ce trebuie să faci este să citești cărți care te ajută să te dezvolți și să te înconjori de oameni pozitivi, care au darul credinței.

Diavolul va încerca să te influențeze negativ prin orice persoană negativă din jurul tău, pentru ca să rămâi limitat pentru totdeauna. Cu cât ești mai mic și mai nesemnificativ, cu atât este mai bine pentru el, deoarece nu îi vei crea atât de multe bătăi de cap. Dumnezeu ți-a dat tot ce ai nevoie ca să faci diferența, însă diavolul va încerca să te mintă și să îți dea tot felul de scuze pentru a nu reuși. El va lupta să te coordoneze, să te îndemne și să te îndrume. Totuși, atât eu, cât și tu avem control, nu asupra a ceea ce fac alții, ci asupra a ceea ce facem noi.

Dumnezeu este autorul și creatorul oricărei persoane și al oricărui lucru frumos și pozitiv. El ne-a creat cu o natură umană pozitivă, ca să fim buni, însă din cauza păcatului, diavolul are acces la mintea noastră și ne poate influența înspre rău. Atenție! Tot ceea ce diavolul poate să facă este să sădească un gând negativ de frică, îngrijorare, teamă, imoralitate, pentru ca în urma lui, noi să acționăm împotriva lui Dumnezeu. Trebuie însă să știți că decizia finală ne aparține nouă. Eu și tu decidem dacă lăsăm ca acel gând să intre în creierul nostru, cum spunea Isus, sau dacă îl respingem. El nu are control asupra ta, dacă nu îl lași. Poate însă să pună un gând șiret și tentant, prin care să acționezi.

Nicio persoană din universul acesta nu este rea, dimpotrivă. Dumnezeu ne-a creat pe toți foarte buni, însă cu siguranță fiecare persoană poate, într-o măsură mai mare sau mai mică, să facă rău sau bine, în funcție de gândurile pe care le acceptă. Dacă, de exemplu, vezi pe cineva care face mult rău, poți să îți dai seama că diavolul îi controlează gândurile, prin care îi influențează apoi convingerile, alegerile și acțiunile.

Oamenii fac rău în urma gândurilor negative pe care le-au acceptat în mintea lor. Unii sunt foarte morali, sinceri, săritori și binevoitori, însă câteodată mai fac câte un lucru urât, care provoacă uimire celor ce îi cunosc. În acele momente, ei experimentează exact ceea ce spuneam, adică pierd controlul asupra gândurilor și sunt ademeniți de diavolul să facă acel lucru urât. Orice „spațiu" pentru negativism creat în minte va conduce la alegeri și la acțiuni negative, ceea ce va aduce cu sine experiențe negative. Acestea sunt momente de neatenție, pe care diavolul știe cum să le exploateze prin gânduri.

În acelaşi timp, veţi vedea persoane care fac mult rău, dar care fac şi bine, câteodată. Acestea au dat inconştient controlul diavolului, iar el operează prin ele şi îşi împlineşte planurile murdare şi corupte. Totuşi, aceşti oameni pot să facă şi lucruri bune, atunci când lasă ca binele să acţioneze prin ei. Concluzia care se impune este că acţiunile noastre sunt rezultatul forţelor care ne controlează, de aceea nu trebuie să urmăm pe nimeni. Iar dacă îi vedem pe unii că fac lucruri nepermise, să nu uităm că, din păcate, ei sunt nişte captivi ai răului, care au nevoie de ajutor. Acesta este motivul pentru care trebuie să-i iubim pe toţi oamenii. Iubindu-i mai mult, îi vom judeca mai puţin, iertându-i mai repede, îi vom ajuta mai uşor. Ei sunt creaţia lui Dumnezeu, însă, din păcate, diavolul are control asupra lor. Dacă îi vom aborda corect, vom putea să le schimbăm convingerile şi să îi eliberăm, pentru ca să gândească liber, să aleagă liber şi să îşi schimbe viaţa.

Gândeşte-te la un lucru care nu îţi place şi apoi caută explicaţia faptului că nu îţi place. Oricare ar fi motivul găsit de tine, el este de fapt imaginea pe care ţi-ai creat-o despre acel lucru. Ceea ce vreau să înţelegi este că tu îţi formezi o imagine (pozitivă ori negativă) despre un anumit lucru, iar ulterior, creierul îţi reaminteşte ceea ce tu l-ai convins să creadă despre acel lucru. Dacă vei privi atent înăuntrul tău, vei constata că pentru fiecare informaţie, există deja şi o imagine atribuită. Altfel spus, fiecare persoană nouă cu care intrăm în contact şi orice lucru nou pe care îl experimentăm sunt verificate de creierul nostru. Dacă nu găseşte nicio informaţie, el continuă să proceseze până când obţine o imagine, pozitivă sau negativă, pe care o stochează în memorie. Fii atent la ceea ce permiţi să se „aşeze" în mintea ta şi care te va influenţa ulterior în viaţă.

Tot ce experimentăm de-a lungul timpului se rezumă la gânduri, pentru că de acolo pornește absolut tot. Fiecare convingere se formează ca rezultat al gândurilor. Fiecare alegere se bazează pe ceea ce crezi. Fiecare acțiune se datorează gândurilor. Cu alte cuvinte, tot ce experimentezi în viață se datorează gândurilor pe care le lași să intre în mintea ta și să își facă cuib.

Permite-mi să te întreb ce fel de gânduri lași să intre în mintea ta, pozitive sau negative? Ai control asupra gândurilor care îți trec prin minte zilnic? Răspunsul tău va determina fiecare experiență, de aceea, aș vrea să te ajut să îți creezi un filtru pentru gânduri. Cu ajutorul lui vei deveni selectiv, mai exact, mai înțelept în fiecare alegere pe care o vei face în viitor.

Verificarea gândurilor

Pentru a avea convingeri pozitive, trebuie să ne asigurăm că avem un control total asupra gândurilor cărora le permitem să se stabilească în mintea noastră. Fiecare gând este o imagine prin care una dintre cele două forțe va influența atât starea sentimentală, cât și convingerile sau alegerile. Cum pot să îmi direcționez viața în mod pozitiv, așa încât să fiu într-o permanentă creștere? Prin controlul și verificarea atentă a gândurilor cărora le permit să se depoziteze în minte. Niciodată nu trebuie să permiți gândurilor de frică, îngrijorare, neputință, slăbiciune, imoralitate să își facă loc în creierul tău. Ele te vor influența să acționezi mai puțin înțelept. Pentru a descoperi și a verifica natura gândurilor și efectele lor în viața ta, te sfătuiesc să folosești modelul filtrului. Mai apoi, depinde de tine să faci alegerea potrivită.

1) Filtru

• Ce produc gândurile mele, negativism sau pozitivism? Prin întrebarea aceasta vei putea să observi natura gândurilor care încearcă să se stabilească în mintea ta. Dacă îți produc frică, îngrijorare, neîncredere, descurajare, atunci cu siguranță sunt de la diavolul şi trebuie respinse imediat.

• Încalcă gândurile pe care le am moralitatea lui Dumnezeu? Prin această întrebare vei putea să observi dacă ele te conduc spre moralitate sau spre imoralitate, spre creştere sau spre descreştere. Dacă, de exemplu, gândurile respective sunt incompatibile cu valorile lui Dumnezeu, atunci cu siguranță vor avea un efect negativ în viața ta. Gânduri precum furtul, minciuna, bârfa, lăcomia, violența, abuzul... şi lista continuă, sunt de la diavolul, de aceea trebuie să le respingi, altfel te vor direcționa negativ.

• Ce vor produce gândurile respective în viața mea dacă le voi accepta: creştere sau descreştere? Întreabă-te ce fel de efect vor avea în viața ta, dacă le vei accepta în inima ta. Îți vor crea convingeri bune sau convingeri rele? Îți vor aduce beneficii sau nu? Te vor face o persoană mai bună, sau una mai rea? Îți vor întări caracterul sau ți-l vor slăbi? Te vor ajuta să alegi bine sau mai puțin bine?

Aceste întrebări te vor ajuta să descoperi natura gândurilor care se perindă zilnic prin mintea ta. Dacă sunt pozitive şi benefice, trebuie primite şi dezvoltate, însă dacă nu sunt benefice, trebuie respinse.

2) Alegere

• Identificare - primul lucru pe care îl vei extrage din verificarea gândurilor este natura provenienței lor.

• Proveniența - punându-ți întrebările din filtru, vei observa dacă sunt pozitive sau negative, dacă sunt de la

Dumnezeu sau de la diavolul. După ce le-ai verificat şi ai descoperit de la cine sunt, vei merge la următorul pas.

• Acceptare sau respingere - acum ştim de unde provin gândurile pe care le avem, de aceea, în funcție de proveniența lor vom decide ce vom face cu ele. Dacă au o natură pozitivă, atunci le punem în practică şi acționăm asupra lor. Alegând astfel, vom experimenta pozitivism. Dacă au o natură negativă, atunci trebuie respinse imediat şi focalizarea trebuie schimbată, altfel ne vor afecta negativ şi nu cred că ne dorim acest lucru.

Efectul gândurilor

Gândurile pozitive au puterea de a atrage prosperitate, sănătate, fericire şi împlinire, pe când gândurile negative au puterea de a te ține departe de toate lucrurile minunate pe care Dumnezeu le-a pregătit pentru tine. Gândurile pozitive te propulsează până în vârful muntelui, în timp ce gândurile negative te coboară în vale. Fiecare gând pe care îl accepți în mintea ta şi pe care te concentrezi, ajunge să te influențeze în mod direct, pozitiv sau negativ, devenind apoi adevăruri presupuse. Fără un filtru, gândurile intră şi formează în mintea ta, în mod constant, convingeri care te afectează în fiecare alegere. Dacă gândurile pe care le-ai acceptat sunt pozitive, ele vor crea convingeri pozitive care devin monumente în calea spre succes şi îți vor permite să persişti, să crezi, să lucrezi constant la visele tale, până când acestea devin realitate. Cu cât o persoană este mai pozitivă, cu atât este mai fericită, mai puternică şi mai creativă. Vestea bună este că şi tu poți să devii o persoană pozitivă. Tot ce trebuie să faci este să te asiguri că filtrezi gândurile pe care le percepi în mintea ta.

Persoanele care acceptă negativismul sunt şi persoanele care au scuze pentru orice li se spune. Scuzele vin în toate formele posibile, însă efectele lor sunt extrem de dăunătoare, precum o boală care te slăbeşte zilnic, până când ajungi doar să supravieţuieşti în loc să trăieşti. Următoarele trei scuze sunt cel mai frecvent întâlnite:

1) Inteligenţa

„Nu sunt suficient de deştept, nu sunt suficient de calificat, nu sunt suficient de valoros, nu sunt suficient de talentat...” Realizează că cei mai importanţi oameni din istorie, care au schimbat lumea, au fost oameni simpli, însă cu gânduri mari. Howard Schultz, cel care iniţial a fost managerul departamentului de marketing al lanţului de cafenele Starbucks şi care ulterior a cumpărat această companie, transformând-o în lider mondial pe piaţă, a crescut într-o familie de oameni săraci. Reuşita lui se datorează faptului că a avut o atitudine pozitivă. Albert Einstein, considerat un retardat şi un ratat social în copilărie, a devenit geniul cu cel mai mare IQ, nu pentru că s-a lăsat influenţat de negativism, ci pentru că a decis să elibereze inteligenţa pe care Dumnezeu a pus-o în el.

Acum, când citeşti această carte, aş vrea să îţi cer un lucru. Opreşte-te din citit, ia-ţi un minut şi gândeşte-te la toate realizările pe care le ai, la toate diplomele, la toate lucrurile pe care le deţii, la tot ceea ce eşti. Apoi vizualizează faptul că toate acestea sunt doar un procent din ceea ce ai putea să devii, dacă ai gândi diferit despre tine.

2) Vârsta

„Sunt prea bătrân” sau „Sunt prea tânăr” au devenit cele mai bune scuze pentru cei mai mulţi oameni. Aceştia ştiu exact cum să se scuze pentru faptul că nu fac mai mult, că nu reuşesc mai mult sau că nu luptă mai mult. „Sunt prea bătrân", spun ei, „acum este rândul vostru să faceţi". Nu contează cât de bătrân eşti; dacă vei gândi pozitiv, nimic nu va putea să te oprească să reuşeşti ceea ce Dumnezeu a pus în inima ta.

McDonald este cel mai mare lanţ de fast-fooduri din lume, care deserveşte zilnic peste 68 de milioane de oameni, în peste 119 ţări. Acesta a fost fondat de Richard şi Maurice McDonald, după ce trecuseră de vârsta de cincizeci de ani. Kentucky Fried Chicken este un alt lanţ de fast-fooduri, care a fost fondat de Colonel Sanders la vârsta de şaizeci de ani, după o mie de încercări eşuate. Ronald Reagan a devenit preşedintele Statelor Unite cu doar câteva zile înainte de a împlini vârsta de şaptezeci de ani.

Vârsta nu este o piedică pentru cei care au o gândire potrivită, ci dimpotrivă, este un motiv în plus de a izbuti. Vârsta poate să însemne pentru tine fie biletul spre reuşită, care aduce cu el toată experienţa vieţii, pregătirea şi maturitatea, fie motivul numit „prea bătrân", pentru care nu vei reuşi. Tu decizi pe care îl vei alege.

„Sunt prea tânăr" este un alt mit care îi opreşte pe foarte mulţi să devină şi să realizeze ceea ce se află în puterea lor. Bill Gates, cel mai bogat om din lume, a înfiinţat compania Microsoft pe când avea doar 20 de ani. Steve Jobs a creat compania Apple pe când nu împlinise încă douăzeci de ani. Niciodată nu eşti prea tânăr, niciodată nu eşti prea bătrân ca să îţi urmezi visul. Schimbă-ţi gândirea şi îţi vei schimba viaţa.

Atitudinea pe care o adoptăm este cea care face diferenţa, nu vârsta şi nici cifrele care o definesc.

3) Sănătatea

Scuza aceasta este invocată de un număr la fel de mare de persoane, care se plâng de toate problemele de sănătate pe care le au şi chiar şi de cele pe care nu le au. Acceptă faptul că nimeni nu este perfect sănătos şi că toată lumea are motive să se plângă referitor la sănătate, însă nu toată lumea le acceptă ca scuze pentru nereuşită. Tu din care categorie faci parte?

Scuzele cu privire la sănătate nu fac altceva decât să-i îndepărteze pe oameni din jurul tău, deoarece nimeni nu vrea să aibă de-a face cu persoane negative, care se plâng de fiecare durere pe care o au, oricât de mică ar fi ea. Iar dacă sunt unii care stau şi ascultă toate plângerile tale, este pentru că şi ei procedează la fel. Nimeni nu iubeşte durerea, de aceea, când mereu vorbeşti despre ea, oamenii vor tinde să se depărteze de tine, pentru că inspiri durere în vieţile lor.

Studiile arată că acele cuvinte negative pe care le rosteşti, precum „mă doare capul", ajung să îţi provoace exact starea de care te plângi. Tot ce trebuie să faci este să te gândeşti că te doare capul şi să afirmi în mod repetat acest lucru, iar creierul îţi va provoca durerea de cap. Vestea bună este că lucrurile funcţionează la fel şi invers, atunci când îţi spui: „Sunt sănătos, agil şi nu mă doare nimic". Dacă ieşi câştigător din bătălia cu gândurile, vei câştiga şi lupta fizică, şi pe cea psihică.

Data viitoare când te simţi tentat să foloseşti o scuză în locul unei acţiuni, gândeşte-te la toate persoanele care au luptat cu durerea şi au învins-o, devenind persoane de succes. Dacă vrei să devii mare, trebuie să gândeşti mare. Decide să dai la o parte orice scuză şi, în schimb, să îţi foloseşti inteligenţa, creativitatea, potenţialul şi oportunităţile pe care Dumnezeu le pune înaintea ta zilnic.

Pozitive sau negative, toate acțiunile au o singură sursă. Gândurile. Controlează-le și îți vei controla viața.

Asocierile neuronale

Asocierile pe care le creezi în mintea ta conduc la alegeri și ulterior la acțiuni. Întotdeauna trebuie să fii atent la genul de asocieri pe care le faci. Prin asocierile respective, tu creezi o definiție pe care o vei experimenta în momentul în care ai decis și ai concluzionat asocierea. Dacă ai pus unui lucru bun o etichetă negativă, îl vei experimenta ca atare. Spre exemplu, dacă asociezi iubirea cu durerea, atunci te vei feri de iubire, care de fapt este ingredientul cheie pentru a scăpa de durere. Foarte multe persoane cu care vorbesc au asociat iubirea cu durerea, iar acum, în mod ironic pentru noi, se feresc de iubire.

Persoanele care au suferit enorm într-o relație, și-au fixat în minte ideea că iubirea este sursa durerii, astfel încât acum trăiesc cu frica iubirii în spate. Dacă ai iubit foarte mult o persoană și ea te-a înșelat sau ți-a dezamăgit așteptările, atunci vei asocia în mod involuntar iubirea cu cauza durerii. În același timp, îți va lega și relația, și partenerul de cauza durerii, iar pentru că asocierea este greșită, te vei trezi că îți este frică să mai iubești sau să mai intri într-o relație cu un partener, fără să știi de ce.

Creierul adună informații în mod constant și le pune cap la cap cu altele, până când ajunge la o concluzie. Foarte important este să înțelegem că informațiile rezultă din concentrarea noastră. De exemplu, dacă te concentrezi pe nedreptatea sau pe durerea pe care ai suferit-o, cu siguranță că vei ajunge la o concluzie negativă. Dar dacă te concentrezi pe partea pozitivă din experiența ta vei obține o concluzie pozitivă. Fiecare asociere te va conduce la o stare emoțională specifică. Dacă asociezi dificultatea prin care ai trecut cu negativismul sau cu nedreptatea, vei avea sentimente pe măsură, însă dacă o asociezi cu creșterea și cu modelarea, te vei simți pozitiv, pentru că vezi partea bună din acel lucru.

Permite-mi să te întreb ce percepție ai tu vizavi de probleme. Cum te raportezi la persoanele din jurul tău, atunci când greșesc? Pentru a te lămuri, urmărește felul în care le experimentezi. De ce poate o persoană să rămână pozitivă chiar și în mijlocul problemei, a durerii sau unei zile ploioase? Pentru că a ales să vadă partea plină a paharului. O zi ploioasă are beneficiile ei, care sunt la fel de importante ca ale unei zile senine. Într-o zi ploioasă uită-te după curcubeu, într-o zi senină uită-te după soare.

Fiecare zi este un motiv de a-I mulțumi lui Dumnezeu, dacă o vei lua ca pe o zi binecuvântată. În fiecare moment din viață ai o alegere de făcut, și anume: ce gânduri permiți să intre în mintea ta. Fiecare asociere este determinată de gânduri care se transformă în imagini, iar acestea, dacă sunt repetate devin convingeri. Dacă vrei să rămâi în controlul situației indiferent de circumstanțe, asigură-te că ești în controlul gândurilor. Folosește filtrul pentru a recunoaște proveniența lor și astfel viața ta va fi diferită decât până acum.

Două lucruri contribuie la felul în care percepem realitatea din jurul nostru și acestea sunt:

1) Starea emoțională

Există posibilitatea să îți construiești o convingere pe baza stării emoționale prin care treci la un moment dat, iar aceasta îți va influența alegerile în viitor, până la consecințe.

Vi s-a întâmplat vreodată să mergeți într-un loc oarecare şi să vă displacă total, în pofida lucrurilor frumoase pe care le-aţi găsit acolo? V-aţi întrebat de ce? Apoi, vă aduceţi aminte cât de bine v-aţi simţit următoarea dată când v-aţi dus, având o dispoziţie pozitivă? Extrem de bine. Cum de nu aţi văzut din prima acest lucru? Pentru că aţi interpretat totul prin prisma dispoziţiei în care v-aţi aflat, iar starea pe care aţi avut-o a blocat experienţele şi momentele frumoase.

Vă amintiţi de clipele acelea când cineva drag vouă trecea printr-o problemă? Aţi încercat tot ce v-a stat în putere ca să schimbaţi situaţia şi aţi făcut tot felul de lucruri pe care altădată persoana în cauză le-ar fi apreciat enorm, însă nimic nu a funcţionat? Ei bine, starea emoţională a contribuit la aceasta. Acum, o stare emoţională dacă este doar o indispoziţie, va trece. Totuşi, ceea ce este foarte important este ca niciodată să nu îţi formezi o convingere în acea stare. De ce? Pentru că va afecta fiecare moment în care vei privi persoana respectivă, locul sau lucrul respectiv.

Am pierdut numărul persoanelor cu astfel de convingeri, pe care le-am întâlnit de-a lungul timpului. Aceste persoane şi-au format o convingere în timp ce se aflau într-o stare de indispoziţie. Din acel moment, chiar dacă starea lor s-a schimbat, felul în care s-au raportat la acea convingere a rămas acelaşi. Deosebit de important în tot procesul de formare este imaginea prin care interpretezi şi defineşti o convingere anume. Dacă te vei uita în viaţa ta, vei putea să descoperi cu uşurinţă lucruri sau locuri care îţi displac. Te gândeşti că este normal să fie astfel, nu-i aşa? Deşi da, cred că sunt lucruri, locuri sau persoane care nu ne atrag la fel de mult ca cele pe care le iubim, totuşi, diferenţa o face felul în care noi le-am asociat cu starea noastră.

Să presupunem că iubeşti un anumit loc atât de mult, încât numai gândindu-te la el eşti cuprins de un sentiment pozitiv. Este locul tău favorit! Te-ai întrebat vreodată de ce se întâmplă să îți placă aşa de mult? Răspunsul este simplu: pentru că l-ai interpretat pozitiv. Odată ce creierul tău a asociat pozitiv locul respectiv, tu i-ai dat o imagine pozitivă şi el a devenit pentru tine o convingere pozitivă, care din acel moment ți-a influențat starea şi sentimentele. Pentru că ai avut starea potrivită, iar asocierea a fost pozitivă, locul respectiv a devenit pentru tine ceva plăcut.

Ți-ai pus vreodată problema de ce două persoane care se află în acelaşi loc dau o definiție total diferită locului respectiv? Din cauza conexiunii pe care şi-au creat-o în minte. Prin gândurile pe care le-au pus împreună, au definit ce înseamnă locul respectiv pentru ele.

Printr-o asemenea experiență am trecut eu şi un prieten de-al meu, la un moment dat. Amândoi am plecat în Norvegia ca să lucrăm pentru un salariu mai mare. Ajuns acolo, eu am fost fascinat de toate lucrurile frumoase pe care le întâlneam. Eram impresionat de tot ce vedeam şi experimentam, iar imaginea pe care mi-o formam în minte era tot mai pozitivă. Nu după mult timp, locul respectiv a devenit a doua mea casă. Am fost fericit şi pe deplin satisfăcut de oamenii de acolo, de loc, de prieteni, de salariu, de linişte, mai puțin de ploaie. Singurul lucru care îmi displăcea era ploaia, deoarece nu eram obişnuit cu atât de multă, în rest, totul era frumos.

Prietenul meu, în schimb, a experimentat exact opusul. La început, şi lui i s-a părut totul frumos, ca şi mie. Dar starea aceasta nu a durat prea mult timp. În decurs de doar două săptămâni, imaginea frumoasă avea să se transforme într-o convingere negativă. După doi ani, pentru prietenul meu, venirea în Norvegia reprezenta un chin. Totul i se părea negativ. Era nevoit însă să facă acest drum, deoarece lucra pe sezoane, cam o jumătate de an. Întotdeauna când îl întâlneam, îmi spunea cât de oribil se simte şi că abia aşteaptă să se reîntoarcă acasă. A ajuns până acolo încât îşi număra zilele rămase, ceea ce însemna un chin fizic şi psihic. Întotdeauna era obosit şi plictisit, iar răspunsul la întrebarea mea cu privire la motiv era aceeaşi: locul. O vreme nu am înţeles de ce urăşte Norvegia atât de mult, însă mai târziu am realizat că motivul era simplu: convingerea negativă pe care şi-a format-o.

Felul în care caracterizezi un loc în mintea ta, prin gândurile pe care le transformi în imagini, contează. Un anumit loc se poate transforma în paradis sau în iad, în funcţie de felul în care îl asociezi în minte. Tu decizi! Dacă faci parte dintre acele persoanele care nu se pot adapta în locul în care se află, atunci ar trebui să te întrebi ce convingere ţi-ai format despre locul respectiv, deoarece în mod sigur este una negativă.

Timp de doi ani de zile, prietenul meu a experimentat un calvar pe toată perioada şederii lui în Norvegia, până când l-am ajutat să înţeleagă că el are puterea de a hotărî ce înseamnă pentru el acel loc. Motivul pentru care a început să îi displacă Norvegia a fost că şi-a fixat o imagine negativă a ei. În primele două săptămâni a fost foarte impresionat, vizitând şi explorând loc după loc. Dar, după ce a epuizat toate punctele turistice importante din zona în care urma să lucreze, s-a întrebat: „Asta este tot?" De aici a pornit toată dezamăgirea lui, iar din acel moment a văzut doar lucrurile negative, precum ploaia, vremea răcoroasă, populaţia scăzută, şi s-a concentrat pe ele. Aceste lucruri l-au făcut să îşi schimbe părerea, iar din acel moment şederea lui în Norvegia a însemnat o stare constantă de negativism.

De cealaltă parte, eu am conştientizat că un număr

scăzut de persoane înseamnă mai multă linişte şi mai puţin stres. Astfel, ceea ce prietenului meu i-a creat frustrare, pentru mine a fost binecuvântare. Dacă pentru el acel loc însemna un chin, pentru mine însemna a doua casă.

Probabil că şi tu eşti într-o astfel de situaţie, sau ai trecut prin astfel de momente, în care un anumit loc are conotaţii negative. Percepţia şi asocierile din mintea ta îţi vor afecta şederea acolo, iar dacă se întâmplă să fii ca prietenul meu, nevoit datorită lucrului să stai în acel loc, vei avea foarte mult de pierdut. Vestea bună este că indiferent de convingerea pe care ţi-ai format-o conştient sau inconştient, ea se poate schimba, dacă alegi să o schimbi. Locul pe care îl urăşti acum, poate să devină a doua ta casă, sau locul de vis pentru tine. După ce i-am spus motivul pentru care se chinuie şi experimentează stări negative, prietenul meu a înţeles şi a acceptat să îşi schimbe impresia, folosind modelul dat. După doar câteva săptămâni, din persoana frustrată, tristă, posomorâtă, el s-a transformat într-o persoană entuziasmată, pozitivă şi energică.

Felul în care interpretezi o imagine despre un loc sau despre un lucru anume, face diferenţa. Fericirea în viaţă nu este dată neapărat de locul în care te afli, ci de felul în care percepi locul respectiv. Dintre două persoane care se află în acelaşi loc, una se bucură de fiecare moment petrecut, iar cealaltă urăşte fiecare secundă. Trebuie să înţelegi că oriunde vei merge, ceea ce experimentezi vine în urma alegerii pe care o faci în mintea ta cu privire la locul respectiv. Convingerea vine în urma gândurilor pe care te concentrezi.

Pentru fiecare lucru negativ sau pozitiv, plăcut sau neplăcut pe care îl percepi, tu ţi-ai format o convingere. Creierul este maestru în acumularea informaţiilor, astfel încât fiecare lucru nou este transformat într-o imagine, în funcție de experiențele prin care trecem. Dacă se întâmplă ca lucrul nou pe care îl experimentezi pentru prima dată să îți producă o stare negativă, sau să te afecteze în vreun fel (fizic, psihic sau spiritual), creierul îl transformă automat într-o imagine negativă, care are scopul de a te proteja în viitor. Creierul a fost conceput de Dumnezeu pentru a ne proteja de orice lucru negativ, de aceea, rolul lui este să ne ajute să obținem cât mai multă plăcere, pozitivism, fericire și să oprească tot ceea ce înseamnă negativism sau durere. Fiecare frică pe care o avem provine din anumite experien-țe și din felul în care creierul le-a perceput.

Soția mea este un exemplu elocvent a ceea ce înseamnă să îți formezi involuntar o imagine negativă despre un lucru pozitiv. Fiind în liceu, într-o iarnă a experimentat o situație pe care a interpretat-o negativ. În timpul pauzelor dintre ore, colegii ei au luat forțat mai multe fete, printre care și ea, și le-au băgat în zăpadă. Sănătatea soției mele a fost afectată, ea făcând febră a doua zi, iar ulterior aprindere de plămâni. A stat în spital mai bine de trei luni, până să se recupereze complet. Ceea ce trebuie să știți despre ea este că iubește sporturile de iarnă, în special schiatul, însă nu și zăpada. Deși sună ciudat, este adevărat. Bineînțeles că pentru a schia ai nevoie de zăpadă, dar pentru ea, zăpada în-seamnă agitație, stres și neliniște.

La un moment dat, când mi-am dat seama de acest lucru și am văzut cât de real era sentimentul pe care îl avea, am vrut să știu care este motivul. Răspunsul ei atunci a fost că asta este ceea ce ea simte și că nu îi place zăpada. Atât. Cu toate acestea, nu avea nicio problemă cu iarna. Înțele-gând că este ceva în neregulă în spatele conceptului formu-lat, am întrebat-o despre experiențele pe care le-a avut cu zăpada. Atunci, și-a adus aminte de acel moment din liceu, prin care a trecut. Următoarea întrebare a fost dacă a urât zăpada în copilărie, iar răspunsul a fost categoric nu. Realitatea este că în momentul în care a experimentat acea complicație din cauza zăpezii, creierul ei a reținut trei lucruri:

- felul în care s-a petrecut evenimentul (introducerea în zăpadă);
- anotimpul în care s-a petrecut evenimentul (iarna);
- elementul care a contribuit la acel eveniment (zăpada).

De regulă, creierul verifică unde, cum și când a avut loc evenimentul, după care vine cu o definiție pentru cauza durerii, având grijă să ne ferească de o potențială repetare în viitor. În cazul soției mele, cauza a fost zăpada, care i-a provocat răceala și mai târziu complicațiile. Din acel moment, în creierul ei s-a format o frică, care aducea cu sine agitație sau neplăcere ori de câte ori dădea de zăpadă. Când am înțeles acest lucru, am ajutat-o să își schimbe convingerea, iar în timp, acel sentiment a dispărut.

Foarte mulți oameni experimentează astfel de situații, fără să înțeleagă cauza. Mulți se trezesc cu anumite frici, pe care nu le pot explica. Unii încearcă să stabilească relații, însă de fiecare dată eșuează. Motivul este același: frica de o posibilă nouă suferință, deși în cele mai multe cazuri problema anterioară nu a fost relația în sine, ci persoana cu care s-a intrat în relație. Dacă nu suntem atenți, creierul interpretează greșit și ne trezim că nu putem avea încredere în oameni.

În afaceri este la fel. Mulți dintre cei care au eșuat, în loc să cerceteze cauza, au cedat presiunii, iar în mintea lor s-a statornicit ideea că afacerea este sursa reală a problemei. Din acest motiv, ei s-au închis total față de perspectiva unei noi afaceri pe viitor. Alții au investit sume de bani în anumite lucruri și au pierdut, iar cauza pierderii au legat-o de investiție, nu de lucrurile în care au investit sau de circumstanțe. Pentru ei, acum, o nouă investiție reprezintă cea mai mare frică, de aceea se sabotează singuri.

Indiferent care este domeniul în care experimentăm frica, ea determină renunțarea la visele noastre. Motivul pentru care abandonăm sau ne gândim să facem acest lucru este impresia pe care mintea și-a format-o în urma unor experiențe negative. Asigură-te că tu ești cel care hotărăște ce fel de gânduri primești sau respingi și folosește filtrul, pentru a te asigura de o funcționalitate productivă, benefică și de succes a minții pe care Dumnezeu a creat-o atât de complexă.

Știind aceste lucruri, vei înțelege care este secretul unei vieți tridimensionale. Pentru o viață de succes, este vital să înțelegi felul în care funcționează creierul, pentru a-l proteja de orice lucru care vine de la diavolul. Viața frumoasă pe care noi ne-o imaginăm nu este altceva decât rezultatul sufletului sau al minții direcționate corect.

2) Așteptările

Așteptările sunt acele prejudecăți sau închipuiri pe care și le formează o persoană cu privire la o altă persoană, loc sau lucru anume. Este acel ceva pe care te aștepți să-l găsești în momentul în care vei sta față în față cu realitatea. Așteptările sunt normale și bune, însă doar atunci când sunt corecte.

Vi s-a întâmplat vreodată să vă formați o anumită idee despre o persoană, în funcție de informațiile pe care le-ați primit de la un prieten sau prin intermediul unui site, a unei imagini etc.? Cu siguranță că toți am experimentat aceste lucruri. Ceea ce s-a întâmplat în continuare a fost că în urma informațiilor primite v-ați făcut o imagine despre persoana respectivă, iar în urma acelei imagini v-ați creat o așteptare anume. În urma întâlnirii cu acea persoană, ați descoperit că așteptările fie nu v-au fost împlinite, fie au fost chiar depășite.

La fel se poate întâmpla și cu locul pe care ți-ai propus să îl vizitezi. Ai căutat informații, ai văzut fotografii și ți-ai format anumite așteptări. Te-ai dus acolo, dar pentru că situația s-a dovedit a fi alta decât în închipuirea ta, ai ajuns dezamăgit și ai căzut într-o stare de indispoziție. Oricât ai încercat să găsești ceva pozitiv, nu ai reușit.

Trebuie să fim foarte atenți în astfel de momente, deoarece ele pot să ne influențeze convingerile și alegerile. Este important să înțelegem că întotdeauna ceea ce spunem despre o persoană unei alte persoane, poate să afecteze așteptările acesteia din urmă. Nu-i așa că și ție ți s-a spus cât de rău, de oribil, de arogant, de lipsit de încredere este cineva anume, pentru ca apoi să te întâlnești cu el și să te convingi că realitatea este cu totul alta? De câte ori nu ai fost surprins să descoperi o cu totul altă persoană decât cea care ți s-a descris? Mie mi se întâmplă tot timpul. Totuși, sunt foarte atent la informațiile pe care le las să îmi formeze imaginea, pentru că nu vreau să-mi creez o convingere greșită. Fiți foarte atenți la ceea ce primiți despre alte persoane. Niciodată să nu judecați și să nu bârfiți pe baza informațiilor primite. Fiți selectivi! Noi trebuie să iubim pe toată lumea. Isus ne-a iubit pe toți până la capăt, indiferent de greșelile noastre. La fel suntem chemați să facem și noi.

Focalizarea contribuie la felul în care te vei simți în fiecare moment și la felul în care vei interpreta un loc, o persoană sau un lucru. Oricare dintre acestea poate fi privit într-unul dintre cele două moduri: pozitiv sau negativ. Poți să mergi în cel mai frumos loc de pe pământ, dar să nu te simți bine acolo. Nu locul face diferența, ci lucrurile pe care vrei să le vezi.

Concentrează-te pe lucrurile pozitive şi te vei simți pozitiv, concentrează-te pe lucrurile negative şi te vei simți negativ. Ceea ce cauți să vezi la o persoană face diferența. Dacă te concentrezi pe lucrurile frumoase pe care le face, pe gesturile drăguțe, pe amabilitate, pe caracterul bine definit, pe umor, atunci te vei simți bine în prezența ei, însă dacă te vei concentra pe cele negative, cu siguranță te vei simți negativ. Indiferent cine suntem sau ce suntem, cu toții avem atât calități, cât şi defecte. La unii, balanța înclină în partea calităților, pe când la alții, ea înclină în partea defectelor. Cu toate acestea, nimeni nu este complet rău, după cum nimeni nu este cu totul bun. Fiecare dintre noi trebuie să decidă pe ce alege să se focalizeze la persoanele cu care se intersectează la un moment dat. Concentrează-te pe calități şi îți vei forma o convingere bună, care îți va aduce experiențe frumoase; concentrează-te pe defecte şi pe minusuri şi atunci convingerea ta va fi negativă, la fel şi experiențele.

Niciodată nu îți crea o convingere influențat fiind de o stare emoțională extremă, fie că este pozitivă sau negativă. O astfel de stare manipulează felul în care te raportezi la acel lucru. Poți să fii într-o dispoziție foarte bună şi totuşi să greşeşti în interpretarea ta, de aceea, fii atent la acest lucru. Este normal să treci prin astfel de stări ca urmare a evenimentelor din jur, dar să nu uiți că şi în aceste momente ai posibilitatea de a alege cum te vei raporta la ele.

Succesul unei persoane rezultă din gândirea ei. Cel care cultivă gânduri pozitive precum: „am potențial, sunt deştept, capabil, am să fac o diferență în lume, am să reuşesc ce mi-am propus, am să ajung o persoană de succes etc.", va secera experiențe pozitive. Cel care cultivă gânduri negative precum: „nu am ce trebuie, nu sunt capabil, niciodată nu voi reuşi, sunt alţii mai deştepţi, cu facilităţi mai mari decât mine etc.", va secera experienţe negative. Ce semeni, aceea vei secera. Inamicul numărul unu al omului este dispreţul faţă de sine, care se declanşează la nivelul minţii. Acolo, diavolul pune tot felul de gânduri negative, pentru a-l ţine departe de realizările pe care ar putea să le obţină.

Mintea este precum o grădină al cărei grădinar eşti tu şi sunt eu. Fiecare seamănă ceea ce vrea să semene. Nimeni nu are puterea de a decide ce să semănăm în grădina noastră, în afară de tine şi de mine. Cei din jur pot să ne influenţeze, însă alegerea ne aparţine. Dacă vom semăna gânduri pozitive, vom obţine convingeri pozitive, care vor conduce la experienţe pozitive; dacă vom semăna gânduri negative, vom obţine convingeri negative care vor conduce la experienţe negative. O grădină aranjată, îngrijită şi lucrată zilnic este minunată prin tot ceea ce produce: fructe, legume, flori. Când este bine îngrijită, plivită şi aranjată, ea va da o producţie de calitate, însă când nu este aranjată, plivită şi îngrijită, tot ce va produce vor fi spini, buruieni şi fructe sălbatice. Mai există şi o a treia posibilitate, aceea de a produce fructe, legume şi flori de calitate slabă, potrivit îngrijirii pe care a primit-o.

Creierul nostru este acea grădină care produce zilnic acţiuni şi experienţe. Ceea ce trebuie însă să conştientizăm este că acestea vor veni întotdeauna ca rezultat al îngrijirii pe care o acordăm minţii. Dacă nu ai grijă de gândurile, convingerile şi alegerile tale în mod deliberat, rezultatele vor fi foarte slabe sau chiar dăunătoare. Fii un grădinar extraordinar pentru grădina ta, numită creier, alungă tot ce atacă şi stopează creşterea ta ca persoană şi vei vedea că viaţa ţi se va schimba radical.

10
Caracterul

Caracterul este suma gândurilor, a convingerilor şi a ac-
ţiunilor unei persoane, sau, cu alte cuvinte, comporta-
mentul exterior. Alegerile sunt indicatori care descriu ca-
racterul, iar acţiunile arată cine suntem noi cu adevărat.
Caracterul unei persoane este oglinda interiorului şi reflectă
ceea ce este el, începând de la alegerile cele mai simple şi
continuând cu vorbele şi cu fapte. Lipsa caracterului este
cea care ne limitează. Întotdeauna, o persoană limitată şi
mediocră este rezultatul unui caracter mediocru.

Caracterul unui om este rezultatul convingerilor şi al
obiceiurilor luate împreună. Cu alte cuvinte, dacă până în
acest moment ţi-ai schimbat obiceiurile şi convingerile nega-
tive, te-ai ales cu un caracter pozitiv, optimist. Un caracter
puternic te va situa întotdeauna deasupra celorlalţi. Vei fi
mai apreciat, mai inteligent, mai capabil, mai abil, mai con-
trolat. Plusurile din tine îi vor motiva pe cei din jur să te
urmeze.

Într-un studiu realizat pe 385 de milionari, realizat pe
o perioadă de cinci ani, s-a descoperit că rezultatul succesu-
lui este determinat de caracter. Aceşti oameni au fost res-
ponsabili, au avut o atitudine pozitivă, au perseverat, au avut

răbdare în atingerea succesului, au fost curajoşi şi integri.

Cuvântul „caracter" îşi are originea în limba greacă, unde înseamnă daltă. Cu alte cuvinte, caracterul este acea lucrare de artă rezultată în urma unei prelucrări, tot la fel cum o statuie este rezultatul unei lucrări de dăltuire a granitului sau a marmurei. Zilnic, fiecare dintre noi trebuie să înlăturăm toată partea nefolositoare, prin muncă proprie, până când devenim o operă. Caracterul dovedeşte ceea ce eşti şi ceea ce ai. Nimeni nu poate să arate mai mult decât este. Cea mai mare dorinţă pe care ar trebui să o avem în viaţă este formarea unui caracter puternic, bine conturat, altfel ne sabotăm singuri prin alegerile pe care le facem, prin obiceiurile pe care le avem şi prin convingerile care ne împing să luăm hotărâri. Cei mai mulţi oameni nu reuşesc să îşi vadă visul devenit realitate, deoarece nu au înţeles că visul este rezultatul unui caracter puternic. Dacă nu luăm în mod voit decizii care să ne conducă înspre transformare, caracterul nostru nu va suferi nicio schimbare în bine.

Nimeni nu se naşte cu un caracter prestabilit. El nu se formează automat, ci trebuie prelucrat intenţionat. De aceea, este important cum răspundem în fiecare circumstanţă (favorabilă sau nefavorabilă). Fie că pierzi, sau câştigi, ceea ce hotărăşti să faci în continuare depinde de tine. Creşterea, maturizarea, învăţarea nu depind de noroc, de ghionion, de întâmplare sau de nedreptate, ci de felul cum ne raportăm la fiecare experienţă.

Toţi cunoaştem persoane care au făcut aceleaşi greşeli de nenumărate ori şi tot nu au învăţat nimic din ele; se poate spune că nu au folosit oportunităţile pentru a schimba ceva în viaţă, astfel încât caracterul lor a rămas deficitar. Condiţia importantă în orice schimbare este să vrei să înveţi tot ce se poate învăţa din fiecare experienţă, greşeală, succes etc. Alege aşadar să înveţi şi să îţi formezi caracterul, indiferent de situaţiile prin care vei trece. Tu eşti sculptorul propriului tău caracter, iar Dumnezeu te ajută doar dacă doreşti şi accepţi să fii format. Alege să îţi transformi caracterul într-o operă de artă extrem de valoroasă.

Opt componente care definesc caracterul

1) Integritatea

Când există integritate în viaţa noastră, cuvintele pe care le rostim corespund cu alegerile pe care le luăm şi cu acţiunile pe care le facem. Credibilitatea unei persoane poate fi redusă la acest cuvânt numit integritate, care ne defineşte caracterul. Persoanele integre sunt precum o carte deschisă. Ele nu au ce să ascundă, ci dimpotrivă, ceea ce sunt în public, sunt şi în privat. Integritate înseamnă să spui ce faci şi să faci ce spui. Cine suntem înăuntrul nostru se arată prin acţiunile exterioare.

Integritatea este definită de suma convingerilor pe care le-am adunat în omul nostru lăuntric. Dacă convingerile sunt integre, atunci şi alegerile vor fi la fel. O persoană integră alege în baza unor valori şi principii, nu în funcţie de ceea ce simte că ar trebui să aleagă. Ea crede, alege şi face. De asemenea, integritatea predestinează ce vom face şi cum vom face, înainte chiar de a experimenta un lucru. Încrederea celor din jur în noi este definită de integritatea de care care dăm exemplu. Pentru ca eu şi cu tine să fim persoane apreciate şi respectate, avem nevoie de integritate. Succesul unei persoane este definit de integritatea ei. Deci, fie că vorbim despre funcţie, carieră, potenţial, influenţă sau relaţie, toate au la bază această cheie numită integritate. Imaginea prin care persoanele din jur te definesc rezultă din integritatea pe care o ai. Fără integritate este doar o chestiune de timp până când încrederea care ți se oferă este zdrobită și adevăratul tu este expus. O persoană lipsită de integritate nu pierde doar încrederea celor din jur, dar și influența pe care o are asupra acestora. Motivația oamenilor de a rămâne lângă tine depinde de încrederea pe care pot să o aibă în tine.

Minciuna este inamicul numărul unu al integrității și distruge viitorul celui care o practică. O minciună într-o relație va distruge relația. O minciună într-o afacere va conduce la falimentul afacerii. O minciună într-o societate va distruge societatea. Minciuna are picioare scurte. O minciună va conduce întotdeauna la o altă minciună, până când de la o fisură în caracter se ajunge la o crăpătură. De aici încolo, este doar o chestiune de timp până când încrederea celor din jur va dispărea și mediocritatea se va instala. Fii o persoană onestă, care spune ce face și face ce spune. Atunci te vei direcționa pe calea înspre succes.

Omul cu caracter întotdeauna va reuși pe termen lung, dar cel fără caracter va reuși pe moment și va sfârși groaznic în timp. Verifică-ți convingerile și valorile pe care le ai despre integritate și vezi în care arie din viața ta spui altceva decât faci sau faci altceva decât spui. Schimbă ceea ce este de schimbat și pornește pe calea corectă și bună. Dacă de exemplu nu poți să îți păstrezi cuvântul pe care îl dai, atunci va trebui să verifici ce fel de certitudini ai înăuntrul tău despre onestitate și sinceritate. Întreabă-te cum îți hrănesc ele integritatea, sau, în caz contrar, minciuna. Îți este cumva frică? Te-ai gândit că nu poți să dai înapoi pentru că ai mințit deja și trebuie să continui? Este pentru că minciuna îți dă sentimentul de câștig? Crezi că dacă minți vei ajunge undeva?

Eu am identificat trei feluri de persoane care mint:

• Persoane care mint din cauza convingerilor. Acestea sunt persoanele care s-au mințit pe ele însele cu minciuna pe care o promovează, crezând că le provoacă câştig. Ele cred că astfel vor putea să câştige mai mult, sau că vor putea să scape basma curată, când de fapt este exact opusul. Pe moment, s-ar putea ca minciuna să le provoace câştiguri, deoarece îi scoate din încurcătură. În timp însă, se va dovedi că au intrat într-o minciună şi mai mare. Acest lucru este adevărat în afacere, în conducere, în relaţii. Acum, s-ar putea să îți vinzi produsul în urma minciunii, dar aşteaptă-te ca atunci când eşti mai sus să fii descoperit şi să cazi direct în cap. Indiferent ce alegi, integritatea este o virtute de care nu te poţi dispensa.

• Persoane care mint din cauza obiceiurilor. Aceste persoane sunt convinse deja că minciuna le face importante, astfel că pentru ele a minţi înseamnă a respira. Nu pot să nu mintă, pentru că practică acest lucru de atât de mult timp. Mai exact, aş putea spune că sunt dependente de minciună. Dacă faci parte din această categorie a celor care una spun şi alta fac, atunci trebuie sub orice formă să scapi de acest obicei. Identifică cauza pentru care minţi şi schimbă imediat acest obicei, folosind modelul dat.

• Persoane care mint din cauza inconştienţei. Inconştienţă cu privire la rezultatele şi efectele minciunii asupra lor, în timp. Ce poate să fie atât de rău în a spune o minciună? Nimic mai mult decât un caracter deficient, o încredere pierdută, oportunităţi ratate, o degradare a moralităţii, ruşine şi eşec. Dacă ai folosit minciuna pe ici, pe colo, pentru a da bine în faţa oamenilor, atunci trebuie să scapi de ea. Oamenii te vor respecta întotdeauna pentru o greşeală admisă, dar niciodată pentru o minciună permisă.

Este o diferență enormă între o persoană inteligentă și o persoană credibilă. Persoanele inteligente impresionează, pe când cele credibile influențează. Credibilitatea vine doar în urma integrității. Tu din care categorie vrei să faci parte? Integritatea este o disciplină, nu un talent. Este o alegere. Este alegerea de a fi onest, sincer și corect în orice circumstanță din viață. Din păcate, în zilele noastre și în societatea în care trăim, integritatea nu este nici căutată, nici valorificată la adevărata ei valoare, de acea oamenii eșuează în mod constant. Avem tot felul de exemple de oameni care au ajuns în vârful muntelui prin înșelăciune (lipsă de integritate). Ceea ce însă nu realizăm nici noi, nici ei, este că rămânerea pe munte este doar o chestiune de timp, după care vine căderea. Dacă temelia nu este bună, nici construcția nu va rezista.

Întreabă-te pe tine însuți ce fel de persoană vrei să fii, integră sau compromisă? Indiferent ce ai ales, rămâi în minte cu acest adevăr pe care îl reflectă alegerea ta.

2) Responsabilitatea

Rabindranath Tagore a spus: „M-am culcat și am visat că viața era fericire. M-am trezit și am realizat că viața era datorie. Mi-am făcut datoria și a venit fericirea". O viață fericită și împlinită are la bază asumarea responsabilității. Din păcate, lipsa de responsabilitate este un sport internațional, pe care toți tindem să îl practicăm, atât în viața socială, cât și în cea individuală.

Un copilaș transmite părinților în permanență un mesaj clar: „Depind total de tine. Nu pot să fac nimic singur, chiar dacă aș încerca. Nu pot să fiu responsabil pentru consecințele deciziilor mele. Până la urmă, sunt doar un copil". Mai târziu, undeva pe la 14 ani, când a crescut, mesajul se schimbă complet. Sună cam aşa: „De ce nu îmi daţi pace?! Vreau să fiu independent. Nu vreau să mi se spună ce să fac. Vreau să decid singur, însă rezultatele deciziilor mele trebuie să le rezolvaţi voi, pentru că eu nu sunt responsabil de consecinţe, ci doar de decizii". La maturitate, lucrurile sunt mai complexe, dar în acelaşi timp sunt o combinaţie între „total dependent de tine" şi „total independent de tine". Ele devin: „Poţi să contezi pe mine" care este cu adevărat calitatea caracterului unei persoane adulte.

Oricât de bizar ar părea, încă mai există oameni înaintaţi în vârstă, care acţionează ca un copil. Ei sunt pretutindeni în jurul nostru, din păcate. Foarte puţini sunt dispuşi să îşi asume responsabilitatea totală pentru ceea ce li se întâmplă. Vestea bună este că oricare dintre noi putem să facem parte din această categorie. Acceptând responsabilitatea, chiar dacă toţi ceilalţi fug de ea, înseamnă să te situezi deasupra tuturor. În felul acesta, şansele de a avea succes în carieră, de a-ţi găsi un loc de muncă, de a începe o relaţie stabilă sunt mult superioare. Cel care acceptă responsabilitatea la locul de muncă ajunge în cea mai înaltă poziţie. Cel care acceptă responsabilitatea în societate devine lider. Winston Churchill a spus: „Responsabilitatea este preţul măreţiei". Cât de sus vrei să ajungi şi cât de mult vei reuşi se datorează responsabilităţii pe care ţi-o asumi".

A deveni o persoană responsabilă înseamnă a accepta preţul consecinţelor, a te uita la tine ca fiind sursa fiecărui lucru care ţi s-a întâmplat, a continua să lupţi în ciuda greutăţilor, a prejudecăţilor şi a tuturor lucrurilor negative care ţi s-au întâmplat sau care ţi se întâmplă, cu alte cuvinte a-ţi asuma destinul. Alegerile celor din jur pot să te afecteze numai dacă accepţi de bunăvoie acest lucru. Responsabilitate mai înseamnă să accepţi că tu şi doar tu eşti responsabil pentru fiecare experiență trecută sau prezentă, singurul vinovat pentru ce ți s-a întâmplat în trecut, pentru ce ți se întâmplă în prezent și pentru ce ți se va întâmpla în viitor. Responsabilitatea are de-a face cu alegerile: alegerea de a accepta și de a-ți schimba viața sau alegerea de a nega și de a rămâne la fel.

Inamicul numărul unu al responsabilității este scuza: „Nu sunt responsabil pentru că... “. Cei care nu vor să își asume responsabilități au o scuză pentru orice li s-a întâmplat și acuză pe oricine, mai puțin pe ei: Dumnezeu este de vină, prietenul, vremea urâtă, mașina, destinul, ghinionul, diavolul, durerea de spate, familia, locul în care se află, sărăcia... sunt de vină. „Nu eu sunt de vină pentru plictiseala pe care o experimentez, ci vremea de afară.” „Nu eu sunt de vină pentru că relația merge atât de prost, înspre divorț, ci el (ea) este de vină.” „Nu eu sunt de vină pentru kilogramele în plus pe care le-am pus, ci firma care produce mâncarea nesănătoasă.” „Nu eu sunt de vină că organizația (afacerea) merge prost. De vină sunt muncitorii, pentru că nu dau tot ce ar trebui să dea.” „Nu eu sunt de vină pentru cearta și ruptura care s-a produs între noi, ci el și gândirea lui îngustă.” „Nu eu sunt de vină pentru viața risipită până în acest moment. Nu am făcut nimic semnificativ din cauza familiei în care m-am născut, a ghinionului pe care l-am avut, a destinului, a sorții...” „Nu eu sunt de vină pentru starea financiară și pentru datoriile pe care le am. De vină este salariul mic, care nu acoperă toate cheltuielile.” „Nu eu sunt de vină pentru că am întârziat. De vină este mașina sau persoana după care am așteptat, dușul care s-a stricat, telefonul care nu a funcționat...” Scuze peste scuze, peste scuze. Scuzele scot la suprafață fisura din caracter, iar concluzia este una singură: că persoanele respective sunt iresponsabile.

Permite-mi să te întreb: când ai acceptat să îți asumi responsabilitatea şi când ai făcut ceva în această privinţă? Sau mai exact, când ai invocat ultima dată o scuză? Suntem extrem de frustraţi atunci când telefonul trebuia să sune şi nu a sunat, iar cel care trebuia să ne caute se pare că a uitat. Devenim frustraţi atunci când avionul care trebuia să decoleze încă întârzie. Ne plângem mereu de alţii, însă când noi facem aceste lucruri, ne găsim scuze.

Problema cu scuzele este că odată folosite opresc creierul să mai proceseze. Dacă ai invocat o scuză, creierul tău a primit definiţia de care a avut nevoie, pentru a defini acel lucru care ţi s-a întâmplat. Vă aduceţi aminte ce vă spuneam în capitolele anterioare? Creierul nu poate să „închidă” o informaţie până când nu primeşte o imagine, o definiţie. Odată ce definiţia a fost primită, creierul va înceta să mai caute o soluţie de ieşire din acea situaţie. Indiferent cât de simplu sau de complicat ar fi ceea ce ţi s-a întâmplat, creierul va găsi o soluţie pentru a ieşi din impas, dar cu o condiţie: să admiţi că eşti responsabil pentru ce s-a întâmplat. Când responsabilitatea este preluată, creierul se angajează în căutarea soluţiei.

Presupune că firma pe care o ai experimentează o pierdere masivă, fie în urma alegerilor făcute, fie din cauza cumpărătorilor, sau chiar a pieţei de care depinzi. Indiferent la cine este mingea în teren, niciodată nu ar trebui să te delimitezi de responsabilitate. Chiar dacă piaţa este cea care a produs pierderea, tu eşti cel răspunzător de căutarea unei soluţii, pentru a pune firma din nou pe picioare. Chiar dacă partenerul de afaceri este vinovat de pierdere, tu eşti responsabil de alegerea pe care ai făcut-o când v-aţi asociat. Continuă să rămâi responsabil, nu pentru a te afecta pe tine, ci pentru a găsi soluţia. Făcând astfel şi cerând şi angajaților tăi să contribuie la rezolvarea situației, soluția va veni. De la tine sau de la ei este mai puțin important. Ceea ce contează este că o să vină.

Acceptă responsabilitatea cu privire la propria ta viață și atunci ea se va schimba cu adevărat. Atâta timp cât te complaci în postura de victimă, tu nu vei deveni responsabil pentru ce ți se întâmplă. Dar când vei înțelege că tu ești cel responsabil, vei începe să schimbi lumea din jurul tău. Aș vrea să te ajut să devii responsabil pentru tot ce ți se întâmplă în viață. Orice stare, emoție și experiență sunt create de tine. Tu ești cel care decide cum acționează și ce fel de stare adoptă în fiecare circumstanță. De azi înainte dezvoltă această componentă a caracterului, astfel încât orice se întâmplă în jurul tău, tu să rămâi puternic, fericit și cu zâmbetul pe buze. Chiar dacă toți din jurul tău sunt negativiști, tu rămâi pozitiv, având atitudinea că nimic nu este imposibil. Ziua în care alegi responsabilitatea este ziua în care atingi nivelul maturității.

Samuel B. Fuller este un exemplu al responsabilității asumate. Născut în Louisiana (SUA), într-o familie săracă de fermieri de culoare, cu șapte copii și cu posibilități reduse, el a început să lucreze la vârsta de cinci ani. În clasa a șasea, din cauza sărăciei, a fost nevoit să renunțe definitiv la școală. La vârsta de nouă ani a devenit un vânzător iscusit, vânzând din casă în casă diverse produse. Deși se născuse și crescuse într-o comunitate de oameni fără educație, Fuller a avut un plus pe care nimeni altcineva din jurul lui nu l-a avut: o mamă remarcabilă, care a refuzat să accepte sărăcia ca stil de viață. Ea a știut că mijloacele limitate de trai nu reprezintă tot ceea ce viața este în complexitatea ei, și aceasta în ciuda faptului că cei din comunitate se resemnaseră cu acel stil de viață. Pentru ea, era imposibil ca un

Dumnezeu atât de bogat şi de puternic, care i-a aşezat pe ei într-o societate prosperă, să Îşi dorească doar atât de la ei. De aceea, obişnuia să îi vorbească micuţului Samuel despre visurile ei: „Nu ar trebui să fim săraci. Să nu te aud vreodată spunând că este voia lui Dumnezeu să fim săraci. Suntem săraci nu din cauza lui Dumnezeu, ci pentru că tatăl tău şi ceilalţi din familia noastră au acceptat sărăcia ca stil de viaţă, fără să îşi dorească să trăiască diferit".

Repetată din nou şi din nou, această idee a devenit o convingere, pe care micul Fuller a dezvoltat-o de-a lungul anilor. Cu toate că cei din jurul lui se obişnuiseră cu situaţia, el a început să îşi dorească să prospere. Convins de cuvintele mamei lui, a început să vândă săpun din uşă în uşă, timp de doisprezece ani, până într-o zi, când a primit vestea că compania care îl aproviziona urma să fie vândută pentru suma de 125 000 dolari. La primirea acestei veşti, a mers imediat la vânzător cu oferta de cumpărare, însă avea o problemă: în toţi cei doisprezece ani de lucru nu strânsese decât 25 000 dolari. I-a depus pe toţi în calitate de cumpărător al companiei şi a semnat un contract prin care s-a obligat să adune toată suma în decurs de zece zile. În caz contrar, avea să piardă toţi banii adunaţi şi odată cu ei şi cei doisprezece ani de muncă. Imediat după semnarea contractului, Samuel s-a dus din firmă în firmă, la cei cărora le vânduse săpun de-a lungul timpului, pentru a cere un împrumut. Cu ajutor de la prieteni şi de la firme, a ajuns să strângă suma de 115 000 de dolari, până în ziua a noua. Totuşi, mai avea nevoie de încă 10 000 dolari.

În ultima seară, în timp ce se gândea cum să procedeze, şi-a spus: „Am încercat în orice loc în care am putut, dar totuşi, încă nu sunt suficienţi bani". Atunci, în camera lui, s-a plecat pe genunchi şi s-a rugat. „Dumnezeule, Te rog să mă conduci până la persoana care îmi va împrumuta cei 10 000 de dolari, diferența de care am nevoie". El povestește ce s-a întâmplat în continuare: „M-am rugat și i-am cerut lui Dumnezeu un semn. I-am spus că voi merge pe stradă în jos, până când voi găsi o lumină aprinsă la o firmă și acolo voi intra să întreb de bani. Acesta era semnul pe care I l-am cerut lui Dumnezeu".

La ora 11 seara, Samuel Fuller s-a dus în josul străzii 61, până când, la câteva blocuri distanță, a văzut o lumină aprinsă într-un birou de contracte. A intrat și a zărit un bărbat extenuat de lucru. Plin de încredere Fuller l-a întrebat dacă vrea să facă o mie de dolari. La care bărbatul a răspuns: „Bineînțeles că vreau!" Atunci Samuel i-a cerut un împrumut de 10 000 de dolari și i-a spus că se obligă să îi returneze cu cei o mie de dolari dobândă. I-a povestit în detaliu despre compania pe care avea de gând să o cumpere și despre toți ceilalți care i-au împrumutat bani. În seara aceea a plecat din birou cu un cec de 10 000 de dolari și a cumpărat compania, pe lângă care a mai primit procente pentru încă șapte companii.

A devenit atât de prosper, încât a fost numit cel mai bogat afro-american. Întrebat mai târziu care este secretul succesului, el a spus: „Suntem săraci nu din cauza lui Dumnezeu, ci din cauza faptului că tatăl nostru nu și-a dezvoltat dorința de a prospera. Am ajuns unde am ajuns pentru că am știut ce vreau. Am avut un vis ca obiectiv, Biblia, pentru meditație și încă câteva cărți, pentru inspirație."

Samuel B. Fuller este un exemplu a ceea ce înseamnă asumarea responsabilității. Nu uita că nici tu nu ești sărac din cauza lui Dumnezeu, ci pentru că nu ai luat hotărârea de a schimba ceea ce experimentezi azi. Dacă dai vina pe Dumnezeu, pe familia săracă, pe mediu, pe țara în care te-ai născut sau pe orice altceva, niciodată nu vei ieși din starea în care te afli și vei trăi limitat și frustrat tot restul vieții. Oamenii de succes nu cred în scuze, pentru că sunt arhitecții propriilor vieți. Ei nu invocă scuze pentru neputința lor, nu dau vina pe eșecuri și nici nu-i învinuiesc pe alții în afară de ei. Oamenii de succes iau decizii individuale pentru propriile lor vieți. Tu ești o astfel de persoană?

Permite-mi să te întreb dacă ești una dintre „persoanele scuză". Dacă da, atunci trebuie să scapi de orice fel de scuză și să devii responsabil. Tu și doar tu ești responsabil. Trebuie să te convingi pe tine însuți că nu există scuze în viață. Omul matur nu caută scuze, iar pentru că tu vrei să devii o astfel de persoană, trebuie să decizi din acest moment: „Gata, s-a terminat cu scuzele! Responsabilitatea este calitatea pe care o am. Pe caracterul meu scrie cu litere mari RESPONSABILITATE". Acceptarea responsabilității pentru tot ceea ce experimentezi în viață reprezintă cea mai înaltă formă de maturitate pe care cineva o poate atinge.

3) Atitudinea

În fiecare zi pe care o trăim, în orice circumstanță cu care ne întâlnim, depinde de noi cu ce atitudine vrem să mergem înainte. Aceasta este cea care determină experiențele pe care le vom avea. Doar 10% este ceea ce se întâmplă în realitate cu noi, restul de 90% este răspunsul nostru. Fiecare în parte este responsabil de atitudinea lui, adică de poziția pe care o adoptă în orice situație. O convingere foarte bine raportată la atitudine va conduce la alegeri foarte bune.

Atitudinea influențează opinia celor din jur despre noi și dictează acceptarea sau respingerea locului de muncă pentru care am aplicat, cariera pe care ne-o dorim, succesul sau eșecul. Atitudinea este oglinda alegerilor unei persoane.

Institutul Carnegie a realizat un studiu pe 10 000 de persoane de succes, concluzionând că 15% din succesul acestora s-a datorat antrenamentului, restul de 85% datorându-se caracterului. Caracteristica identificată de institut a fost atitudinea, cea care de fapt hotărăşte ce vedem şi cum coordonăm ceea ce simţim. Psihologii spun că vedem ceea ce suntem pregătiţi să vedem, adică ne raportăm la convingerea pe care o avem. Ceea ce alegem să simţim ne determină atitudinea. Din păcate, foarte mulţi permitem emoţiilor pe care le simţim să ne influenţeze atitudinea, în loc ca atitudinea să coordoneze emoţiile pe care le simţim. Este puţin probabil ca o persoană cu o atitudine greşită să reuşească. Atitudinea ori te propulsează, ori te opreşte.

Atitudinea pe care o adoptăm în fiecare circumstanţă este determinată de doi factori opuşi, care luptă constant pentru câştig. Aceşti factori sunt posibilul şi imposibilul. În timp ce posibilul te motivează, te încurajează şi te avantajează, imposibilul te trage în spate, te limitează şi te dezavantajează. Imposibilul are ca scuză expresia „Nu se poate". Nu are rost să încerci pentru că nu se poate, îţi pierzi timpul, au mai încercat şi alţii şi nu au reuşit, nu pot, nu am potenţial, nu am ce îmi trebuie pentru a reuşi, nu sunt suficient de deştept, nu sunt capabil. Ei sunt atât de negativişti, încât pentru orice vis, aspiraţie, speranţă, dorinţă au un motiv de a nu reuşi.

Eşti o astfel de persoană? Eu sper că nu, dar dacă eşti, atunci trebuie imediat să scapi de această atitudine, pentru că întotdeauna ceea ce crezi, aia ţi se va face. Dacă crezi că este imposibil, va fi imposibil, dacă crezi că este posibil, va fi posibil. Tu decizi dacă se poate sau dacă nu se poate.

La fiecare colţ de stradă poţi întâlni oameni care eşuează să îşi asume responsabilităţile pe care le au ca urmare

a alegerilor făcute. Ei preferă să dea vina pe orice şi pe ori-
cine, dar nu pe ei. Soarta, mediul, ghinionul, familia în care
s-au născut, persoanele din jurul lor i-a condus la faliment.
Aceşti oameni au o atitudine greşită vizavi de problemele pe
care şi le-au creat singuri. Cea mai importantă zi din viaţa
noastră este cea în care ne asumăm responsabilitatea pen-
tru propria noastră atitudine. Aceasta este ziua în care ale-
gem creşterea, maturizarea şi succesul. Dumnezeu este Cel
care alege prin ce vom trece în viaţă, însă noi suntem cei
care alegem cum vom trece. Fiecare alegere necesită o ati-
tudine, iar atitudinea este plusul care ne separă de cei me-
diocri. Schimbarea atitudinii depinde de:

• Convingeri - alegerile se bazează pe convingerile pe
care le ai cu privire la cum ar trebui să reacţionezi într-un
moment anume;

• Obiceiuri - reprezintă modul în care te manifeşti în
exterior, adică comportamentul de care dai dovadă.

• Starea sentimentală - ceea ce simţi în interior la un
moment dat se exprimă prin atitudinea pe care o reflecţi în
exterior.

Dacă vrei să îţi schimbi atitudinea, asigură-te că ai
convingeri şi obiceiuri foarte bune şi că eşti în control asu-
pra stărilor sentimentale, adică cu privire la ceea ce simţi.
Conform exemplului prezentat în capitolele anterioare, în-
locuieşte convingerile şi obiceiurile negative cu convingeri
şi obiceiuri pozitive şi vei reflecta o atitudine pozitivă. Îm-
bunătăţirea semnificativă a atitudinii înseamnă că deşi nu
pot să schimb lumea din jurul meu, pot să schimb lumea pe
care o percep înăuntrul meu. Schimbarea în exterior vine
din interior. Odată ce lumea interioară este schimbată, lu-
crul acesta se va vedea şi în exterior.

Întotdeauna atitudinea determină altitudinea. Punctul

maxim la care vei ajunge în viață depinde de atitudine.

Exemplu: Sir John Templeton, un multimiliardar faimos, a început de la zero în viață. Născut într-o familie simplă, foarte săracă și fără posibilități, a hotărât la un moment dat, în tinerețe, să își asume responsabilitatea pentru viața care îi stătea înainte. A încetat să mai dea vina pe destin, pe familie, pe împrejurări și a decis să își ia viața în propriile mâini. Era ferm hotărât să devină nu doar stabil financiar, dar și foarte prosper, astfel încât și alții să beneficieze de pe urma prosperității lui.

Templeton s-a lansat financiar în perioada extrem de dificilă a anilor '30, în timpul marii depresiuni economice din SUA. Mottoul lui a fost: „Pesimismul este secretul succesului". El a făcut bani într-o vreme în care cei din jurul lui erau atât de pesimiști și de disperați, încât își vindeau afacerile, casele, terenurile. Când Hitler a invadat Europa, oamenii s-au panicat și au căutat să scape de orice fel de posesiune, în ideea de a nu suferi pierderi ulterioare. Atunci, Templeton și-a investit toți banii pe care-i avea, pentru a cumpăra la prețuri de nimic (uneori chiar pe un dolar) toate magazinele, restaurantele, companiile și casele care se puteau cumpăra. În decurs de câțiva ani de zile, piața economică mondială s-a redresat, iar Templeton a rămas cu proprietățile acumulate. A continuat să investească, îndreptându-se spre Japonia în momentul în care această țară s-a prăbușit economic în urma celui de Al Doilea Război Mondial. A cumpărat la un preț foarte bun proprietăți care erau scumpe. Ani mai târziu, când Japonia s-a redresat, el a început să vândă ceea ce a cumpărat, obținând un profit foarte mare. La fel a făcut și în America de Sud.

Templeton a părăsit această lume, dar a lăsat în urma lui o fundație numită „Templeton Fund", care investește anual o sumă imensă de bani, pentru ajutorarea oamenilor nevoiaşi. El este recunoscut ca fiind unul dintre cei mai generoşi oameni din istorie, oferind peste 1 miliard de dolari pentru acţiuni caritabile. El a explicat că succesul lui s-a datorat reuşitei de a-şi lua responsabilitatea în serios şi de a-şi controla sentimentele.

Eu şi tu decidem ce vom face cu viaţa pe care o trăim. Succesul vine ca rezultat al atitudinii pe care o adoptăm. Templeton putea să devină la fel de pesimist ca ceilalţi din jurul lui, însă a ales să rămână optimist. În timp ce alţii au dat vina pe război, pe economie, pe piaţă, el a căutat în mod intenţionat şi responsabil, o soluţie de ieşire din problema experimentată la nivel mondial. A găsit-o şi astfel a urcat pe culmile succesului.

4) Perseverenţa

Perseverenţa reprezintă o constantă şi înseamnă să nu renunţ, indiferent de circumstanţele din jurul meu. Perseverenţa determină dacă succesul va ajunge să devină un stil de viaţă sau dacă va rămâne doar un vis. Cu toţii avem abilităţi în rezolvarea unor lucruri, însă doar persoanele de succes realizează tot ce încep. O persoană înţeleaptă va duce la bun sfârşit tot ce începe.

Perseverenţa înseamnă să continui, chiar dacă cei din jurul tău se opresc; înseamnă să mergi înainte, chiar dacă cei din jurul tău merg înapoi; înseamnă să crezi, chiar dacă ei nu mai cred; înseamnă să continui să visezi, chiar dacă ei nu mai visează. Perseverenţa este cea care te separă de mulţime. Într-o cursă de rezistenţă, toţi încep în forţă, plini de încredere, însă doar cei care perseverează până la sfârşit câştigă. Este important cum începi, însă succesul este determinat de cum sfârşeşti. Cu alte cuvinte, succesul nu constă în abilitatea de a începe un lucru, ci în abilitatea de a sfârşi ce ai început.

Ernest Lantos Pam era o femeie plictisită, supărată şi dezamăgită de viaţă. Majoritatea timpului şi l-a petrecut în pat, fără ca să facă ceva semnificativ, până într-o zi, când a început să se gândească la dezvoltarea personală. Într-o dimineaţă a auzit la radio că în oraşul în care locuia, urma să se deschidă o nouă staţie de radio. Entuziasmată, s-a dus direct la sediul viitoarei staţii de radio, pentru a-şi depune cererea de angajare, însă directorul i-a spus că nu mai sunt locuri disponibile. Pam s-a dus pe hol, unde a stat toată ziua, pentru că avea „probleme cu auzul". Ea nu mersese să primească un astfel de răspuns, de aceea, nu a vrut să-l audă.

A doua zi a aplicat din nou pentru o slujbă, dar auzul ei nu s-a îmbunătăţit, pentru că răspunsul era acelaşi. Din nou s-a dus pe hol şi a aşteptat. A treia zi a repetat experienţa. Directorul, văzând cât de hotărâtă era, a anunţat-o că era posibil să aibă totuşi un loc de muncă pentru ea. Din acel moment, Pam şi-a recăpătat auzul. Acela era singurul răspuns pe care îl accepta şi pe care l-a primit după trei zile de perseverenţă. A preluat responsabilităţile noului serviciu şi câteva săptămâni mai târziu era deja numărul unu între toţi cei cu experienţă. A ajutat la creşterea profitului companiei cu 400% şi a fost numită manager.

Ulterior, ea a călătorit în toată America şi i-a învăţat pe oameni ce înseamnă să fii perseverent şi să nu te dai bătut, mai ales atunci când te afli în punctul în care viaţa nu mai are niciun sens. Perseverenţa te ajută să te ridici indiferent de câte ori cazi şi te ajută să crezi atunci când nu mai vezi. Ea face minuni.

Pam a învăţat lecţia pe care Isus a predat-o ucenicilor Lui. El le-a vorbit despre o femeie căreia i se făcuse o nedreptate şi pe care judecătorul nu vroia să o îndreptăţească. Cu toate acestea, femeia s-a dus în fiecare dimineaţă la judecător, din nou şi din nou, şi până la urmă a fost ascultată. Judecătorul a recunoscut că nu se teme de oameni, dar că îi face dreptate pentru că nu s-a dat bătută.

Când s-a dus la interviu, Pam a ştiut un singur lucru: ori primeşte locul de muncă, ori se va reîntoarce, până îl va primi. Era hotărâtă să nu renunţe sub nicio formă.

Inamicul perseverenţei este renunţarea. Ce faci atunci când ai încercat din nou şi din nou, dar nimic nu pare să se întâmple? Renunţi sau mergi mai departe? Thomas Edison a spus: „În cea mai mare parte a timpului folosesc ideile oamenilor care le-au abandonat, nemaigândindu-se la ele". El a reuşit să transforme ideile pe care alţii le-au generat, dar asupra cărora nu au perseverat. Ceea ce a avut în plus faţă de ceilalţi a fost perseverenţa, care l-a ajutat să meargă până la capăt, chiar dacă asta a însemnat o mie de încercări.

În cadrul unui interviu, Edison a fost întrebat de un reporter ce anume l-a determinat să continue să încerce de atâtea ori, fără să renunţe. El a spus: „Motivul pentru care acum mă aflu aici şi vorbesc cu tine este că am reuşit ceea ce mi-am propus. Altfel m-aş fi aflat în atelier, încercând o altă metodă, şi o alta, până când reuşeam". Perseverenţa te va ajuta şi pe tine să rămâi concentrat pe visul tău, în ciuda distragerilor din jur.

Diferenţa dintre persoanele care reuşesc şi cele care nu reuşesc este perseverenţa. Cele care au reuşit, au mers până la capăt, pe când celelalte s-au lăsat îngenunchiate de renunţare. Nu există eşec, ci doar metode care nu funcţionează. Când te afli într-o dificultate, adu-ţi aminte că soluţia este la tine. Dacă ai încercat şi nu a funcţionat, încearcă o altă strategie.

Reuşita în viață este definită de această componentă a caracterului, numită perseverență, însă ceea ce face diferența este persevența plus strategia. Nu este suficient doar să perseverezi, ci este important să ai şi o strategie corectă. Dacă perseverezi de ceva vreme şi nimic nu s-a schimbat, acesta este un semn că ar trebui să îți schimbi strategia. Dacă vezi că metoda pe care o încerci nu dă rezultate, schimb-o.

Cea mai frumoasă definiție pentru perseverență este prezentată de cea mai influentă persoană care a existat vreodată şi se află scrisă în Biblie: „Cereți şi vi se va da, bateți şi vi se va deschide, căutați şi veți găsi". Aceste trei propoziții reprezintă perseverență plus strategie. Cu alte cuvinte: cereți şi dacă vedeți că nu ați primit răspuns, schimbați-vă strategia şi bateți. Dacă ați bătut şi ați văzut că nu vi s-a deschis, schimbați-vă din nou strategia şi căutați. Isus spune să nu vă dați bătuți orice ar fi şi să continuați până când veți reuşi.

Perseverența este componenta care face diferența în caracter. Fără ea, un caracter este incomplet. Orice om de succes, care a reuşit vreodată, creditează succesul perseverenței. Ca oameni, avem tendința să renunțăm după prima încercare şi acesta este motivul pentru care mulți nu reuşesc să îşi vadă visul realizat, deşi au potențial şi posibilități la fel de mari ca oricare altul care a reuşit. Adoptă în caracterul tău această componentă, ştiind că deşi nu ai ajuns încă unde ți-ai propus, eşti mai aproape decât ai fost ieri. Un râu reuşeşte să sape în piatră nu datorită puterii pe care o are, ci datorită perseverenței.

Adu-ți aminte că viața este o călătorie. Dacă ai fi primit într-o secundă tot ce ți-ai dorit, atunci nu ar mai avea sens să o trăieşti. Bucură-te de fiecare clipă, ştiind că la sfârşit, fiecare moment în care ai perseverat, renunțând la ideea de a ceda, a însemnat un pas mai aproape de reuşită. Perla cea mai frumoasă şi mai preţioasă care se poate extrage provine din perseverenţa unei scoici, care continuă să o formeze, în ciuda suferinţei şi a durerii prin care trece.

Dacă vrei să îţi transformi visele în perle rare şi preţioase, atunci trebuie să îţi formezi caracterul în aşa fel, încât perseverenţa şi toate celelalte componente să devină prietenii tăi cei mai buni, pe care te vei putea baza în fiecare situaţie. Azi sunt mai aproape decât am fost ieri.

5) Curajul

Curajul este o un alt element extrem de valoros, pe care orice caracter puternic ar trebui să îl deţină. El nu presupune neapărat absenţa fricii, ci mai degrabă puterea de a o stăpâni. Frica este inamicul nostru principal, care ne împiedică să ridicăm capul deasupra circumstanţelor. Oricare dintre noi avem două opţiuni: să acţionăm coordonaţi de curaj sau coordonaţi de frică. Cel care este coordonat de frică devine un fricos, pe când cel coordonat de curaj devine curajos. Curajul este vital, deoarece el hotărăşte eşecul sau succesul în fiecare luptă pe care o ducem.

Definit la nivelul minţii, curajul nu este altceva decât abilitatea de a controla gândurile. Persoana care poate să îşi controleze gândurile este curajoasă, pe când cea care nu poate este fricoasă. Gândiţi-vă ce se întâmplă dacă vă aflaţi într-o situaţie critică şi nu ştiţi ce să alegeţi. Fie vă pierdeţi controlul asupra gândurilor şi acţionaţi conduşi de frică, fie vă controlaţi gândurile şi acţionaţi plini de curaj. Oricât de puternic ai fi în exterior, dacă curajul nu este un element al caracterului tău, vei pierde orice luptă. El este cel care face diferenţa în viaţă. Dacă vei semăna curaj, vei secera un caracter puternic, dacă vei semăna frică, vei secera un caracter instabil. Curaj înseamnă să te afli în fața unei probleme și să spui cu determinare: pot să o rezolv. Curaj înseamnă să dai la o parte orice gând negativ care se ridică în mintea ta (nu voi reuși niciodată să ajung la succes, nu sunt suficient de pregătit, nu am abilitățile necesare etc.) și să îl transformi într-unul pozitiv.

O luptă pierdută la nivelul gândurilor va duce la lașitate și neputință, pe când o luptă câștigată va conduce la curaj și reușită. De ce eșuăm? Pentru că nu avem suficient de mult curaj. Alegerile rezultate din frică întotdeauna ne vor limita, însă alegerile rezultate din curaj ne vor propulsa înainte. Cei care au reușit un lucru măreț sunt aceia care au și-au învins frica. Potențialul lor a fost eliberat.

O componentă importantă rezultată din curaj este perseverența, care întotdeauna face diferența. Câtă vreme există curaj, există și motivație să perseverezi, iar perseverența aduce biruința. O persoană curajoasă este o persoană care perseverează până realizează tot ce și-a propus. Perseverența este cea care produce rezultate pe termen lung, însă ea vine în urma curajului. Dacă nu vei crede că poți să reușești, îți va fi frică și nu vei persevera. Nimic în lume nu poate să înlocuiască curajul. Talentul nu poate, banii nu pot, influența nu poate, educația nu poate. Nimic nu este mai comun în lumea aceasta, decât oamenii talentați fără succes.

Curajul conduce la perseverență și determinare. Dacă ești o persoană care pierde luptele la nivelul gândurilor, atunci ai nevoie de curaj pentru a da la o parte orice frică. Începe din acest moment să înlocuiești fricile din interiorul tău cu curaj, cu perseverență și cu determinare și nu vei mai experimenta eșecul. Fiecare căzătură îți va produce și mai multă hotărâre. Când toți renunță, tu mergi înainte.

Robert Schuller spune: „Oamenii incredibili sunt doar

persoane obişnuite, cu un nivel de determinare incredibil".
Viaţa ne scoate în faţă provocări zilnice, dar în ciuda proble-
melor şi a dificultăţilor, nu ceea ce se întâmplă cu noi este
atât de important, ci ceea ce facem cu ceea ce se întâmplă cu
noi. Aceasta va decide unde vom sfârşi.

Rosa Parks a fost o femeie simplă, afro-americană, ca-
re printr-un singur act de curaj a schimbat istoria şi întrea-
ga lume pentru totdeauna. Militantă pentru drepturile
omului, Rosa a fost arestată la data de 1 decembrie 1955, în
Montgomery, Alabama, pentru că a refuzat să cedeze locul
în autobus, unui alb. Ea a decis să nu accepte frica ca stil de
viaţă şi a ales să vorbească liber despre dorinţele ei. Curajul
a determinat-o să se împotrivească legilor care stabileau drep-
turi inferioare pentru populaţia de culoare, iar acest lucru a
însemnat libertate şi dreptate pentru mulţi concetăţeni. Ac-
tul ei de curaj a devenit simbolul mişcării drepturilor civile,
mişcare condusă de Martin Luther King, şi a dus la câştigarea
drepturilor egale pentru toată lumea. La bătrâneţe, această
femeie a primit onorarii şi medalii pentru curajul de care a
dat dovadă, iar în memoria ei a fost ridicată o statuie. A fost
prima femeie care a avut parte de o ceremonie oficială în
Capitoliul Statelor Unite ale Americii.

Rosa Parks a părăsit lumea aceasta, însă a lăsat în ur-
ma ei un simbol care va rămâne pentru totdeauna în isto-
rie: curajul. Poate şi tu eşti o persoană care se aseamănă cu
Rosa Parks. Ştii ce trebuie să faci pentru a-ţi urma visul, ca-
riera sau idealurile, dar ţi-e frică de ce s-ar putea întâmpla
în timpul procesului. Ştii că ar trebui să alungi fricile şi să
vorbeşti liber despre ceea ce crezi, însă îţi este frică de opi-
niile celor din jur. Ştii cum s-ar schimba viaţa ta dacă ai păşi
peste frică şi ai depune acel CV la compania la care ai visat
să lucrezi, însă frica respingerii te paralizează. Ştii că îţi

place de persoana respectivă, însă frica unui „nu" te face să dai înapoi. Fricile apar în multe forme, dar toate au un lucru în comun: limitarea. Alege să îți învingi propriile frici şi să păşeşti în chemarea pe care Dumnezeu ți-a pregătit-o.

6) Flexibilitatea

Este o altă componentă a unui caracter puternic, care se exprimă prin umor şi sensibilitate. O persoană flexibilă ştie când să zâmbească şi când să plângă, ştie când să fie haioasă şi când să fie serioasă. Flexibilitatea are de-a face cu emoțiile. Omul stăpân pe emoții este un om fericit, în vreme ce omul stăpânit de emoții este un om nefericit. Eu şi tu avem puterea de a alege ce, când şi cum să simțim. Sunt uimit de numărul persoanelor care se lasă copleşite de o anumită emoție, crezând că aceasta le face grozave. Cel mai bun şef nu este cel care pozează pe seriosul, nici cel care pozează pe haiosul, ci cel care ştie cum să se raporteze la fiecare circumstanță. Un lider, un profesor, un prieten, un partener, un părinte de succes trebuie să ştie cum şi când să exprime un anumit gen de emoție.

Inamicul flexibilității este rigiditatea, adică incapacitatea de a te raporta la situații în funcție de mediu, de timp, de loc şi de persoană. Flexibilitatea în schimb, înseamnă să ştii care este emoția potrivită, la momentul potrivit. O persoană rigidă este acea persoană care trăieşte în trecut. Ea este întotdeauna cu un pas în spate. Acest tip de persoane sunt cele mai nefericite, deoarece caută să trăiască prezentul în trecut, ceea ce este imposibil. Este neînțelept să încerci să trăieşti azi ceea ce ai experimentat ieri, deoarece ieri nu este azi şi azi nu este ieri. Te afli într-o nouă zi, cu noi provocări, care vor ajunge să te controleze, dacă nu le vei controla tu pe ele. În fiecare zi pe care o trăim, Dumnezeu a pus momente extrem de frumoase, care, atunci când sunt valorificate şi observate, fac diferenţa. Secretul unei vieţi frumoase nu constă în obţinerea lucrului pe care ţi-l doreşti, ci în bucuria şi în satisfacţia pe care le extragi din fiecare zi înspre reuşită. Mulţi dintre noi ne gândim că dacă am avea acel lucru, am fi fericiţi, până când ajungem să îl avem, după care ne trezim că nimic nu s-a schimbat. Nu căuta fericirea în realizarea unui lucru sau în împlinirea unui vis, deşi aceasta ar trebui să fie o aspiraţie. Dimpotrivă, caut-o în toate momentele frumoase, aflate pe drumul spre reuşită.

Eşti acea persoană care ştie să se bucure de fiecare clipă, sau eşti genul de persoană rigidă, care crede că a zâmbi înseamnă slăbiciune? Multă vreme, oamenii au crezut că a fi rigid şi serios tot timpul este o dovadă a calităţii de lider. Realitatea este diferită. Un lider adevărat ştie când să zâmbească şi chiar când să glumească, însă în acelaşi timp ştie când să îşi păstreze demnitatea şi seriozitatea. Dacă eşti lider şi încerci să faci ceva care nu ţi se potriveşte, adică să faci pe seriosul, atunci de fapt eşti dictator şi în mod sigur oamenii din jurul tău nu vor vrea să aibă de-a face cu tine. Dumnezeu a pus o latură sensibilă în fiecare caracter, pentru ca astfel să ne putem elibera de toată tensiunea acumulată. În acelaşi timp, a pus şi o latură veselă, cu ajutorul căreia să ne putem încărca de pozitivism. Folosite înţelept, cele două vor produce combinaţia perfectă, numită flexibilitate sau maleabilitate.

A fi flexibil înseamnă să înţelegi că ne aflăm într-o continuă transformare. Nimeni nu este perfect şi nimeni nu ştie totul, de aceea, flexibilitatea este o caracteristică extrem de importantă în epoca în care trăim. Un caracter puternic nu este acel caracter care fuge de schimbare, ci este cel care se află într-o continuă modelare. Învăţarea şi modelarea fac parte dintr-un proces care durează până în ziua în care murim, iar asta doar dacă nu am hotărât că știm suficient, astfel încât nu mai avem nevoie de schimbare.

A fi flexibil mai înseamnă să te adaptezi la schimbările din jurul tău, indiferent de poziția pe care ceilalți o adoptă. Cei mai mari oameni de succes sunt aceia care au înțeles că tranziția este reală și s-au adaptat imediat. Cealaltă categorie, în schimb, a așteptat și a sperat că va fi la fel ca înainte, dar a ajuns să descopere că niciodată nu va mai fi la fel. Din păcate, observația lor a venit mult prea târziu. Dacă vrei cu adevărat să reușești în viață, atunci trebuie să iei o decizie pentru tine.

Indiferent de locul în care, forțat sau deliberat, voi alege să merg, am să profit de cel mai mic detaliu pe care îl pot extrage. Deși nu este locul în care mă văd pentru restul vieții, este locul în care mă aflu acum, așa că nu voi permite ca sentimentele mele să îmi producă gânduri negative și să îmi facă șederea un calvar. Invață cum să te bucuri acum de cele mai mici lucruri, iar când vei ajunge la cele mari, vei ști cum să le apreciezi. Zâmbește, indiferent de zilele care se perindă, pentru că doar tu poți să decizi cum se va sfârși fiecare zi. Învață să simți cu cei ce simt și să te bucuri cu cei ce se bucură. A fi flexibil înseamnă să fii precum un pom: când bate vântul, te miști ușor în bătăile lui, însă niciodată nu îți schimbi valorile și poziția fermă pe care o ai; când plouă, te bucuri de răcoarea și umiditatea pe care aceasta ți-o oferă și te dezvolți; când este secetă, folosești rezerva pe care ai acumulat-o în timpul ploii. Un caracter puternic este un caracter mlădios, în continuă dezvoltare.

Bethany Hamilton a fost o fetiță cu vise mari, pasionată de surf. Dorința ei era să câștige în competițiile la care avea să participe. Totul însă s-a spulberat în ziua de 31 octombrie

2003, în timpul unui antrenament în care şi-a pierdut braţul stâng, ca urmare a atacului unui rechin. Avea doar 13 ani. Deşi în drum spre spital a pierdut cam 60% din cantitatea totală de sânge, ea a reuşit să supravieţuiască miraculos. Visul ei părea că s-a spulberat, dar nu pentru mult timp. Fără un braţ, dar cu o atitudine potrivită, a reînceput să facă surf şi a ajuns să câştige competiţie după competiţie, la fel ca înainte. Credinţa ei în ea şi în Dumnezeu a condus-o spre reuşită. De la accident şi până în 2014, a terminat de şase ori pe locul unu în competiţii şi de nenumărate ori pe locurile doi şi trei. A scris şi o carte numită „Soul Surfer", din care a fost inspirat un film, în anul 2011.

Astăzi, Bethany este căsătorită, are un băiat şi se bucură de familia ei. Ea a reuşit să treacă peste suferinţă şi a demonstrat că problemele sunt temporare pentru cei care ştiu să adopte atitudinea corectă şi să fie maleabili. În viaţă, vom trece adesea prin momente în care vom fi provocaţi, dar depinde de noi dacă vom putea să trecem peste dificultăţi, transformându-le în oportunităţi. Flexibilitatea înseamnă să te şti bucura de fiecare lucru, în fiecare moment.

7) Răbdarea

Răbdare înseamnă să acţionezi într-un mod potrivit, la timpul potrivit şi în momentul potrivit. Înseamnă de fapt să ştii să stăpâneşti timpul. Timpul poate să fie cel mai crud inamic al unei persoane, dar şi cel mai bun prieten, în funcţie de felul în care este valorificat şi folosit. Răbdarea este o calitate pe care orice caracter puternic trebuie să o înveţe. Fiecare om de succes, care a reuşit să câştige lupta cu timpul, a trecut prin acest proces, până când a fost pregătit. Dumnezeu foloseşte timpul pentru a ne forma caracterul, ajutându-ne să înlocuim încetul cu încetul lucrurile negative, cu lucruri pozitive. Astfel, odată cu trecerea timpului, devenim mai înțelepți și mai responsabili. Aceasta nu este o regulă care se aplică tuturor, însă cel care perseverează, devine mai înțelept cu fiecare zi care trece.

La fel cum lemnul cel mai scump este cel vechi, metalul cel mai scump este cel vechi, picturile cele mai scumpe sunt cele vechi, tot așa este și caracterul format în timp. Timpul va scoate din tine tot ce este mai bun, însă cu condiția să începi acum. Cei mai mulți oameni sunt la fel de iresponsabili la 80 de ani ca și în tinerețe, pentru că au crezut că timpul îi maturizează, ceea ce este neadevărat. Maturitatea vine în urma preluării responsabilității. Răbdarea ne ajută să perseverăm și să continuăm în drumul nostru spre succes. Chiar și un obicei pe care dorești să îl schimbi, durează 30 de zile până la înlocuirea totală. Succesul peste noapte este o minciună și nimeni nu l-a experimentat vreodată. Nici măcar „norocosul" care a câștigat la bingo nu a devenit prosper peste noapte, deoarece câștigul lui a implicat decizia de a cumpăra un bilet, de a-l scrie și de a aștepta extragerea.

Indiferent în ce moment al vieții te afli, este important să reții un lucru: timpul poate să îți fie cel mai crud inamic și să te saboteze, sau poate să îți fie cel mai bun prieten și să te ajute să ajungi la succes. Tu decizi ce faci cu el. Dacă îl folosești iresponsabil și fără un plan, el devine inamicul numărul unu, după cum un plan bine definit, alături de asumarea responsabilității, te vor conduce pe vârful muntelui. O vorbă spune: „Dacă eșuezi să plănuiești, plănuiești să eșuezi". Gestionează timpul corect și fii răbdător, pentru că rezultatele vor fi de necrezut. Important este ca în tot acest timp, să savurezi fiecare moment. Nu aștepta marea lovitură ca să te bucuri, pentru că s-ar putea ca atunci când ajungi acolo, să nu îți mai rămână timp să o faci.

Un copil nu se naşte alergător, dar ca să ajungă alergător, el trebuie să treacă printr-un proces, pas cu pas. Mai întâi învaţă să se târască pe jos, după care înaintează încet şi face primii paşi. Abia mai apoi începe să alerge uşor şi să se dezvolte, până când alergarea devine tot mai uşoară.

Inamicul principal al timpului este graba. Un proverb spune: „Graba strică treaba". Nu te grăbi să răspunzi, până când nu ai răspunsul. Continuă să analizezi şi să observi, până când găseşti cel mai bun răspuns. Nu te grăbi să judeci, până când nu ştii motivul din spatele problemei. Asimilează răbdarea ca pe o componentă a caracterului tău. Formează-ţi un principiu cu ajutorul căruia tu să îţi propui să rămâi calm, indiferent de precipitarea celor din jur.

Cele mai bune decizii sunt cele analizate şi verificate. Acum este momentul perfect să hotărăşti să faci din timp prietenul tău. Benjamin Franklin este cel care a spus: „Timpul înseamnă bani". Timpul pierdut înseamnă bani pierduţi, iar banii pierduţi înseamnă probleme. Timpul potrivit nu înseamnă „acum", ci înseamnă că „sunt pregătit". Decide că nu vei renunţa, oricât de mult îţi va trebui ca să reuşeşti. Decide ca în ciuda faptului că alţii pierd timpul, tu să îl valorifici şi să îl foloseşti înţelept.

8) Fidelitatea

Deşi ultima pe lista componentelor caracterului, fidelitatea este la fel de importantă, dacă nu chiar mai importantă. Fidelitatea este un cuvânt care, pentru cei mai mulţi probabil, nu înseamnă foarte mult, însă beneficiile ei sunt de nepreţuit. Te-ai întrebat vreodată ce rezultate ar putea să producă fidelitatea în cariera ta? În urma observaţiilor, am realizat că mai mult decât orice în atingerea obiectivelor, este nevoie de fidelitate. Cu siguranţă curajul,

atitudinea, integritatea, perseverența, răbdarea şi flexibilitatea îşi au importanța lor, dar mai important decât toate
acestea este să rămâi credincios acelei cariere sau acelui
vis. A rămâne loial visului tău înseamnă să te determini pe
tine să descoperi calea într-acolo. Chiar dacă lucrurile nu
vor decurge cum ți-ai imaginat, tu rămâi credincios, pentru
că ştii că aceasta este voia lui Dumnezeu pentru viața ta.

Lumea ar fi mai fericită dacă oamenii ar prețui această componentă a cracterului, numită fidelitate. Nu pot să părăsesc compania, locul de muncă, partenerul de afaceri, doar
pentru că lucrurile nu mai funcționează cum obişnuiau să
funcționeze. O persoană loială ştie că parte din responsabilitatea lui este să stea împreună cu ceilalți în unitate, atât
în glorie, cât şi în dezamăgire. Nu am voie să părăsesc relația doar pentru că nu mai merge cum mergea cândva. Responsabilitatea ta este să te determini să rămâi loial partenerului, indiferent că experimentezi sezoane ploioase sau
sezoane cu soare. Partea bună este că în fiecare sezon puteți să vă bucurați unul de altul, însă doar dacă eşti hotărât
să rămâi loial. Toți începem fel şi fel de lucruri, însă doar cei
care rămân loiali până la sfârşit se vor bucura de seceriş.

Fidelitatea este abilitatea de a rămâne credincios sau
loial în urma unei alegeri. Fără loialitate vizavi de acel vis,
întotdeauna vei rămâne doar un visător. Fără loialitate față
de acea afacere, vei sfârşi în sabotaj. Fără loialitate față de
partenerul tău, vei sfârşi în dezamăgire. Inamicul fidelității
este infidelitatea, care a produs şi continuă să producă cele
mai mari conflicte şi probleme până în ziua de azi. Familiile sunt asaltate zilnic de capcana numita infidelitate.

Infidelitatea nu cunoaşte limite, medii, cultură sau
vârste. Afacerea, economia, relațiile suferă din cauza infidelității. Tu vei suferi din cauza infidelității, dacă o laşi să

intervină în caracterul tău. În orice sferă a societății vei intenționa să intri sau în care deja te afli, fidelitatea este în capul listei (a angajatorilor, a partenerilor, a investitorilor). Angajatorii solicită fidelitate din partea angajaților, deoarece ei știu că de devotamentul acestora din urmă depinde bunăstarea companiei. Orice persoană care visează la partenerul potrivit, caută această componentă numită fidelitate, deoarece știe că persoana fidelă va rămâne credincioasă indiferent de suișuri sau de coborâșuri.

În final, există o persoană care are nevoie de fidelitate în procesul de dezvoltare mai mult decât de orice altceva. Succesul sau eșecul ei este determinat de cât de fidelă va rămâne vieții pe care o are. Acea persoană ești chiar tu. Da, tu ai nevoie de fidelitate mai mult decât orice. A rămâne loial propriei tale persoane înseamnă a-ți îndeplini obligațiile pe care le ai față de persoana ta, iar una dintre ele este formarea unui caracter puternic și stabil. Dacă vei rămâne fidel persoanei tale, adică valorilor, convingerilor, obiceiurilor și principiilor, atunci vei rămâne fidel și partenerului, carierei, viselor, prietenilor și, nu în ultimul rând, vieții pe care o trăiești acum. Alege să îți rămâi fidel ție și chemării pe care Dumnezeu ți-a făcut-o.

Beneficiile unui caracter transformat

Un caracter puternic este mai valoros decât aurul. Niciodată aurul nu poate să cumpere un caracter, însă un caracter poate oricând să cumpere aurul. Nimic nu se compară cu un caracter dezvoltat. Dacă înțelegi importanța caracterului, atunci vei experimenta toate lucrurile minunate, rezultate în urma succesului.

Transformă-ți caracterul în motivul pentru care vei

reuşi. Dacă nu experimentezi succesul pe care îl visezi, cariera pe care ți-o doreşti şi reuşita pe care ți-ai propus-o, atunci ar trebui să îți pui un semn de întrebare. Alegerile, acțiunile, convingerile şi obiceiurile, toate sunt legate de caracter. Alege ca în acest moment să îți reevaluezi caracterul pe care l-ai dezvoltat până în acest moment. Dacă niciodată nu ai făcut acest lucru şi nu ai evaluat rezultatele pe care el le produce în viața ta, probabil te vei simți la fel cum m-am simțit şi eu când am înțeles că, indiferent cat de mult mă străduiam să reuşesc, nu făceam progrese din cauza minusurilor din caracter.

Dacă te recunoşti în ceea ce spun, înseamnă că faci parte din marea categorie a celor care şi-au format caracterul din felul în care s-au raportat la circumstanțe. Partea bună este că întotdeauna ai o alegere de făcut, indiferent de situație, însă niciodată nu vei alege diferit de felul tău de a fi. Ceea ce trebuie să ştii însă, este că familia, prietenii, şcoala şi cultura în care ai trăit ți-au format personalitatea înainte ca tu să ai posibilitatea de a-ți lua viața în propriile mâini. Înainte ca tu să decizi ce vei face, ei deja ți-au spus, poate în mod indirect, ce vei putea, cât vei putea şi până unde vei putea. Cu alte cuvinte, ceea ce eşti azi se datorează limitelor care ți-au fost impuse şi care te-au controlat toată viața. Ştiind acest lucru, tu nu eşti eliberat de responsabilitatea de a-ți crea o altfel de viață, ci mai degrabă împovărat de decizia care îți stă în față.

Hotărăşte ca începând de acum să îți schimbi viitorul prin alegerea celui mai scump şi mai de valoare lucru din univers, numit disciplină. Disciplina este dalta pe care fiecare ar trebui să o avem în dotare. Viața ta este pe punctul de a deveni o operă de artă, însă nu înainte de a pune mâna pe dalta numită disciplină şi de a o aplica caracterului.

Disciplină înseamnă caracter, iar caracterul înseamnă succes. Probabil că te întrebi care sunt beneficiile unui caracter transformat. Aş vrea să îţi dau doar câteva dintre nenumăratele beneficii pe care le vei extrage:

• Caracterul îţi salvează afacerea, locul de muncă şi cariera din capcana numită minciună, oferindu-ţi în schimb plăcerea de a face ceea ce iubeşti.

• Caracterul îţi salvează căsnicia din capcana numită infidelitate, oferindu-ţi în schimb compania şi fericirea unei familii extraordinare.

• Caracterul îţi salvează viaţa din capcana numită limitare, oferindu-ţi în schimb bucuria realizării lucrurilor mult visate.

• Caracterul îţi salvează viaţa de capcana numită scuză, oferindu-ţi în schimb rezultatele unei vieţi responsabile.

• Caracterul îţi salvează viaţa de capcana numită grabă, oferindu-ţi în schimb plăcerea folosirii timpului aşa cum îţi doreşti.

• Caracterul îţi salvează viaţa din capcana numită frică, oferindu-ţi în schimb beneficiile curajului.

• Caracterul îţi salvează viaţa din capcana numită negativism, oferindu-ţi în schimb plăcerea experimentării pozitivismului.

• Caracterul îţi salvează viaţa din capcana numită rigiditate, oferindu-ţi libertatea experimentării flexibilităţii.

• Caracterul îţi salvează viaţa din capcana numită renunţare, oferindu-ţi plăcerea experimentării reuşitei.

Tu ai în tine tot ce este nevoie pentru a ajunge să experimentezi aceste lucruri. Dumnezeu te-a binecuvântat cu daruri, cu talente şi cu abilităţi incredibile şi unice, iar partea ta este să eliberezi potenţialul care se ascunde în tine. Potenţialul tău este limitat din cauza caracterului, însă odată ce caracterul se va schimba, potențialul se va elibera, iar tu vei prelua conducerea asupra gândurilor, a convingerilor și a obiceiurilor și vei deveni o persoană de caracter. Integritatea te va pune deasupra celor care nu doar îi mint pe cei din jurul lor, dar și pe ei înșiși. Atitudinea te va ajuta să alegi bine în orice circumstanță, indiferent de dificultățile care îți vor apărea în față. Curajul te va propulsa înainte, spre succes, și chiar dacă toți din jurul tău se limitează și renunță, tu vei continua să perseverezi hotărât până la capăt. Identifică și întărește acele laturi ale personalității tale, care nu sunt atât de puternice.

Cum să îți clădești caracterul

Primul pas în formarea unui caracter puternic este să accepți că ai nevoie de o schimbare în caracter. Dacă ai acceptat că o schimbare este necesară, trebuie să mergi mai departe și să identifici acele componente din caracterul tău, care te trag în jos. Pentru a le identifica, analizează-ți alegerile. Acestea sunt oglinda exterioară a caracterului. Pentru a descoperi fisurile, îți sugerez două lucruri:

1) Pe o foaie de hârtie pe care o vei purta cu tine în următoarea săptămână, scrie cuvântul caracter, apoi fii atent la alegerile mai puțin înțelepte pe care le iei. Scrie-le imediat pe foaie și la sfârșitul săptămânii analizează-le, stabilind care componente din caracter le-a produs.

2) Alege trei prieteni în care ai încredere și spune-le să îți descrie fiecare lucru care îi atrage la tine și fiecare lucru care nu le place. Cere-le să fie deschiși și sinceri în prezentarea lor, iar tu fii deschis pentru orice feedback. La

sfârşitul descrierii lor, analizează fiecare lucru pe care l-au spus despre tine, iar dacă consideri că au dreptate şi au fost sinceri în prezentarea lor, acceptă şi începe schimbarea.

Este posibil ca minusurile pe care le-ai acumulat să se datoreze unor obiceiuri imature şi iresponsabile, sau nedezvoltării tale persoanele. Indiferent care este cauza, lucrează la acea transformare a caracterului care să scoată în evidenţă adevărata valoare cu care ai fost creat de Dumnezeu. Odată ce lista este completă şi ştii ce trebuie să schimbi, foloseşte capitolul numit „Schimbare", pentru ajutor.

11

Problemele

Problemele sunt acele momente cruciale pe care o persoană le experimentează în anumite etape ale vieții și care ori o întăresc, ori o zdrobesc. Adesea, când ne raportăm la probleme, ne gândim că noi suntem mai puțin privilegiați decât alții. Din perspectiva noastră, ei nu trec prin aceleași situații, de aceea sunt atât de fericiți. Realitatea este că fiecare dintre noi experimentăm opoziții în viață, mai devreme sau mai târziu. În asemenea momente este important să ne reamintim că acestea sunt inevitabile. Nu există persoane mai mult sau mai puțin privilegiate în ceea ce privește dificultățile. Toți avem parte de ele. Frumusețea este că problemele dau sens vieții.

Un filosof înțelept a spus: „Singurul și cel mai mare obstacol în calea unei păsări este aerul care pune presiune pe zbor, însă cu toate acestea, aerul este și beneficiul prin care zborul se poate realiza". Fără aer, pasărea ar cădea la pământ. Opoziția este condiția realizării zborului. La fel sunt și obstacolele pe care le întâmpinăm în viață. Ele sunt în același timp și pista de lansare spre succes. O viață lipsită de dificultăți și de opoziții reduce semnificativ șansele cuiva de a ieși din mediocritate.

Problemele ne motivează să ne descoperim şi să ne depăşim pe noi înşine, sau mai bine spus, ceea ce noi credeam până în acel moment că suntem şi că putem. Dacă ar fi să priveşti în viaţa ta, cu siguranţă ai descoperi o listă de lucruri pe care nu ai fi reuşit să le realizezi vreodată, dacă nu ar fi venit acele probleme care au scos din tine ceva ce nu credeai că există.

Un studiu realizat pe 300 de oameni care au schimbat lumea, prin influenţa şi prin impactul pe care l-au avut (printre care şi Winston Churchill, Mahatma Ghandi, Albert Einstein, Abraham Lincoln, Nelson Mandela), arată că un sfert dintre ei au avut un handicap, iar trei sferturi s-au născut în sărăcie, provenind din familii sărace sau distruse, în care existau tensiuni serioase. Care este secretul reuşitei tuturor acestor oameni, cărora nimeni nu le dădea vreo şansă vreodată? Toţi au avut în comun acelaşi lucru: problemele, obstacolele, dificultăţile. Acestea sunt aspecte pe care fiecare le întâlnim în viaţă, şi totuşi, diferenţa dintre cei 300 şi noi constă în acel lucru numit atitudine. În vreme ce milioane de oameni erau îngenunchiaţi de probleme, cei amintiţi s-au ridicat deasupra lor, folosindu-le spre creşterea, nu spre descreşterea lor.

În orice circumstanţă ne-am afla în viaţă, felul în care ne raportăm la situaţiile prin care trecem ne aparţine. Ceea ce însă trebuie să ştim este că alegerea pe care o facem ne determină experienţele de care vom avea parte. Secretul reuşitei se rezumă la atitudine. Cei 300 au fost persoane cu atitudine, care au ales să refuze scuzele pe care oamenii le invocă zilnic, pentru a-şi justifica alegerile greşite. Ei au luat pietrele care le blocau calea şi le-au folosit la construcţia unui drum pe care să treacă. Din păcate, cei mai mulţi construiesc cu aceste pietre un zid de care nu mai pot trece.

Problemele pot să te încetinească temporar, însă doar tu eşti cel care poţi să te opreşti. Nu există probleme şi obstacole care să nu poată fi rezolvate. Atitudinea şi perseverenţa vor transforma orice problemă într-un pas spre succes. John Maxwell a spus: „Mărimea unei probleme este mai puţin importantă decât mărimea unei persoane". Dacă eşti o persoană puternică, cu o atitudine puternică, atunci oricare ar fi dimensiunea problemei, ea va fi doar un mic obstacol temporar, care stă gata să fie folosit spre întărirea caracterului. Dumnezeu permite anumite circumstanţe în viaţa noastră, prin care ne formează caracterul pentru chemarea pe care ne-a făcut-o. Biblia îi încurajează pe cei care trec prin dificultăţi să se bucure, deoarece fiecare dificultate produce un fruct. Acest adevăr poate fi observat în experienţele fiecăruia.

Cum reacţionezi atunci când problemele vin? Atitudinea pe care o ai va determina alegerea pe care o faci. În rezolvarea oricărei probleme avem nevoie de două lucruri: o atitudine potrivită şi o alegere potrivită. Pentru rezultate pozitive, trebuie să înţelegi adevărul următor: nu există eşec. Eşecul este doar o definiţie pe care noi o dăm în subconştient oricărui lucru pe care nu am reuşit să îl facem aşa cum am vrut. Credinţa în eşec este o otravă care ne distruge visele, ne afectează gândurile şi ne influenţează alegerile.

Frica de eşec este una dintre cele mai frecvent întâlnite caracteristici ale oamenilor mediocri. Dacă îţi este frică de eşec, atunci niciodată nu vei fi motivat să gândeşti creativ şi să acţionezi, deoarece frica te va bombarda cu toate gândurile negative care îţi vor bloca reuşita. Frica de eşec reprezintă negativismul la cel mai înalt nivel. Ea îţi va spune că dacă vei acţiona ai toate şansele să eşuezi, te vei face de ruşine, vei arăta ridicol, vei pierde şi cei din jurul tău vor râde de tine.

Deşi îţi doreşti enorm acel loc de muncă, niciodată nu îl vei avea, dacă iei în calcul posibilitatea eşecului. Deşi îţi place de acea fată sau de acel băiat, niciodată nu vei avea curajul să interacţionezi, pentru că ţi-e frică să nu fii respins, adică să eşuezi. Deşi ai un vis măreţ, niciodată nu vei fi motivat să îl urmezi, dacă te gândeşti la eşec. Permite-mi să te întreb ce ai face dacă ai şti că este imposibil să eşuezi? Nu-i aşa că totul s-ar schimba? Dacă ai crede că nu ai cum să eşuezi, ai încerca din nou şi din nou, până când ai găsi modalitatea de care ai nevoie pentru a face reală acea dorinţă.

Vestea bună este că nu există eşec. El este doar un mit, o închipuire care se naşte în minte, o frică. Există metode şi rezultate care nu se potrivesc, sau care nu funcţionează, însă nu eşec. Poate că lucrurile nu s-au petrecut aşa cum ţi-ai închipuit tu, dar aceasta înseamnă că ai obţinut un rezultat pe care poţi să îl schimbi în orice moment. Tot ce trebuie să faci este să acţionezi diferit, pentru a obţine un rezultat diferit. Elimină din dicţionarul tău cuvântul „eşec" şi înlocuieşte-l cu cuvântul „rezultat".

Fiecare încercare reprezintă un rezultat, chiar dacă nu este cel pe care tu îl doreai. Continuă să îţi schimbi felul în care acţionezi, până vei ajunge la rezultatul potrivit. Pentru a deveni o persoană de succes este nevoie să te convingi pe tine că dificultăţile şi problemele sunt tocmai motivul pentru care vei reuşi. Foarte mulţi oameni privesc dificultăţile şi problemele ca pe un eşec, când de fapt ele nu sunt altceva decât provocări. Folosite corect, dificultăţile şi problemele ne vor face mai puternici şi mai încrezători.

Problemele sunt o alegere

1) Pe ce ne focalizăm?

Oricare ar fi lucrurile pe care alegi să te focalizezi, tu le vei resimți în viața ta. De exemplu: dacă te vei concentra pe toate lucrurile nedrepte pe care ți le-au făcut alții sau pe care viața ți le-a pus în față, cu siguranță că te vei simți oribil. Dacă în schimb te vei concentra pe toate lucrurile frumoase, pe toate oportunitățile care ți-au ieșit în cale, precum: invitația pe care cineva ți-a oferit-o, jobul pe care l-ai primit, faptul că l-ai întâlnit pe partenerul tău de viață, sau că ai scăpat de accident, că te-ai dus în acel loc minunat etc., vei crea un impact pozitiv asupra emoțiilor și alegerilor tale. Pe ce te concentrezi, aceea te va influența: te concentrezi pe greșelile oamenilor și pe nepăsarea lor, în mod sigur vei căuta motivele pentru care nu le pasă și le vei găsi pretutindeni; te concentrezi pe calitățile oamenilor și pe frumusețea lor, cu siguranță vei găsi oameni buni, pozitivi, sinceri, gata să te ajute la fiecare pas. Isus a spus în Evanghelia după Matei: *„căutați și veți găsi”*. Ceea ce cauți, aceea vei găsi. Întrebarea este: Ai devenit conștient de importanța alegerilor și a lucrurilor pe care te focalizezi? O viață diferită vine ca rezultat al alegerilor diferite.

2) Ce înseamnă circumstanța prin care trec?

Întrebările pe care le punem determină însemnătatea pe care o dăm unei anumite circumstanțe, de aceea nu îți pune întrebări fără sens, precum: De ce eu? De ce mi se întâmplă numai mie? Dimpotrivă, întreabă-te de exemplu: Ce vrea Dumnezeu să mă învețe în această circumstanță? Ce beneficii voi avea? Cum pot să transform această problemă într-o oportunitate? Ce este bine în asta? Cele mai multe probleme nu sunt ceea ce par, de aceea întrebările te vor conduce la adevărata lor însemnătate.

Întotdeauna când treci printr-o dificultate trebuie să te întrebi pe tine însuți ce înseamnă acel eveniment. Gândeşte-te la experiența prin care ai trecut, la partea pe care ți-ai focalizat atenția, şi în urma căreia ai decis ce înseamnă ea pentru tine. De exemplu, ai stabilit că ai fost tratat inadecvat, că nimeni nu te iubeşte, că cineva încearcă să profite de tine etc. În funcție de concluziile la care ai ajuns, în tine se vor naşte anumite simțăminte, care te vor îndemna să acționezi. Economia se duce în jos, afacerea nu mai merge la fel, iar tu eşti îngrijorat şi nu ştii ce să faci: să renunți şi să devii falimentar, sau să profiți de acest lucru şi să te reinventezi, schimbându-ți afacerea ori îmbunătățind-o. Cauți şi găseşti un răspuns, îl aplici şi descoperi că totul ia o întorsătură la care nu te-ai aşteptat. Aceasta te poate aduce într-o poziție pe care niciodată nu o puteai atinge, dacă nu era criza care să te provoace să ieşi din tipar şi să devii creativ. Relația dintre tine şi prietenul tău trece printr-un moment critic, iar tu nu ştii cum să te raportezi la el. Te îngrijorezi, renunți şi vă despărțiți. Dar mai este o variantă: profiți de această situație şi cauți să întăreşti relația, să o faci mai puternică şi mai bună.

Te uiți la relația în care eşti şi la criză, întrebându-te de ce nu merge cum ar trebui. Ce ai putea să schimbi? Ce ai putea să faci mai bine? Vii cu un răspuns, îl aplici şi relația ia o întorsătură radicală. Trebuie ca în orice situație să te întrebi: Este acesta sfârşitul, sau începutul? Tu stabileşti răspunsul, tu eşti cel care va veni cu concluzia. Însă aş vrea să te provoc să meditezi la următorul lucru: dacă crezi că este sfârşitul, te vei purta ca şi cum ar fi începutul? Vei avea aceeaşi atitudine ca la început? Vei fi la fel de entuziasmat, de optimist şi de creativ? În niciun caz. Dimpotrivă, vei observa că nu mai există pasiune, vei fi blocat creativ, nu vei mai găsi nicio soluţie, aşa că vei renunţa. Dacă tu sau soţul/soţia, prietenul/prietena credeţi că sunteţi la sfârşitul relaţiei voastre, vă veţi comporta ca şi cum aţi fi la începutul ei? Cu siguranţă nu! De fapt, la început eraţi atât de optimişti şi de creativi, încât nimic nu v-a putut sta împotrivă. Gesturile frumoase şi pline de imaginaţie curgeau de la sine. Intrebarea este de ce? Pentru că relaţia avea o altă însemnătate pentru voi, o priveaţi diferit. Creierul va căuta soluţii atâta timp cât decideţi să continuaţi, însă când aţi venit deja cu o concluzie, fie pozitivă, fie negativă, el se va opri din căutare, oferindu-vă ce aţi ales. Însemnătatea pe care o daţi lucrurilor pe care le experimentaţi în urma focusului, vă vor afecta emoţiile, alegerile şi viaţa.

3) Ce vom face?

Al treilea lucru pe care îl vom face în urma alegerii pe ce ne concentrăm şi a însemnătăţii pe care o dăm unei circumstanţe este să alegem ce vom face, cum vom acţiona. Vom decide să renunţăm deoarece este prea mult, sau vom decide să continuăm să luptăm, să devenim mai puternici, mai creativi, mai înţelepţi? Ceea ce vom hotărî ne va influenţa acţiunile. Ce vei face dacă într-o zi doctorul îţi va spune că ai o tumoare, sau dacă îl vei pierde pe cel drag, sau dacă vei pierde afacerea? Vei alege să te concentrezi pe partea negativă şi să te întrebi de ce tu? Te vei învenina singur că viaţa este nedreaptă, că Dumnezeu putea să nu lase ca astfel de lucruri să se întâmple, sau te vei focaliza pe acele puţine lucruri, deşi dureroase, care pot să facă diferenţa şi să te propulseze în faţă, în loc să te tragă înapoi?

Steve Jobs este cunoscut în istorie pentru perseverenţa

lui. Dat afară din propria lui companie, Apple Computer, înființată printr-o muncă titanică, Steve a decis să se focalizeze pe latura pozitivă, pe care mulți dintre noi nu am putea să o vedem. A profitat de ea și a înființat o nouă companie, numită Next, unde a fost creat și programul de animație digitală Pixar, care într-un timp scurt a ajuns să crească la milioane de dolari. La scurt timp după aceea, firma inițială, Apple Computer a fost obligată să cumpere această companie. Steve s-a întors și a preluat compania pe care a fondat-o și care în acel moment se afla în pragul falimentului. El a căutat întotdeauna latura pozitivă și astfel a reușit să transforme problemele în oportunități. Datorită acestui om care a ales să se concentreze pe lucrurile pozitive, tu acum probabil că deții un dispozitiv Apple.

Nu uita că întotdeauna ai posibilitatea de a alege între două lucruri: pozitiv și negativ, pesimism și optimism. Destinul tău este determinat de propriile tale decizii: ce alegi să crezi despre tine, despre ceilalți, despre Dumnezeu și despre societate. Ele vor afecta toată viața ta.

Întrebările pe care le ridicăm determină însemnătatea pe care o dăm circumstanțelor, de aceea, nu te întreba „De ce eu?", „De ce mi se întâmplă numai mie?" Din contră, întreabă-te: „Ce vrea Dumnezeu să mă învețe în această circumstanță? Ce beneficii voi avea? Cum pot să transform această problemă într-o oportunitate? Cele mai multe probleme nu sunt ceea ce par, de aceea întrebările te vor conduce la adevărata însemnătate a lucurilor. Când toată lumea este disperată din cauza pieței și a economiei care este la pământ, în loc să te întrebi de ce a lăsat Dumnezeu peste tine acest dezastru, mai bine încearcă să vezi ce poți scoate bun din această conjunctură. Făcând astfel, vei ajunge un Tempelton, care în ciuda negativismului și a împotrivirii celor din jur, s-a ridicat devenind milionar. O astfel de gândire te ajută să vezi provocările și să profiți de ele.

Când vei putea să te uiți la o problemă și să te întrebi ce este bun în ea, atunci ai ajuns cu adevărat la un alt nivel, care te va separa de mulțime din punct de vedere economic, spiritual, material, financiar. Este nevoie de o astfel de atitudine, pentru a putea profita de fiecare oportunitate. Însă aceasta înseamnă să vezi dificultățile și problemele ca pe niște oportunități nu ca pe niște probleme. Cum le vei vedea va determina ce vei experimenta.

Când te confrunți cu probleme, întreabă-te:

- ce pot să învăț din această problemă?

- ce este bun în această problemă?

- ce ar trebui să fac ca să schimb problema în oportunitate?

- ce pot să fac ca să schimb această problemă potrivit cu posibilitățile pe care le am?

- cum aș putea să mă bucur de această problemă, în loc să mă plâng?

Toate întrebările de mai sus au puterea de a schimba circumstanțele în oportunități, din care să extragi beneficii. Probabil ai fost descoperit cu o boală gravă și în loc să te panichezi, ar trebui să te întrebi ce poate ieși bun din ea: să încetezi să fumezi, să începi să mănânci sănătos și să exersezi - adică să îți schimbi stilul de viață, așa cum ți-ai dorit până acum, dar nu ai fost suficient de motivat -, sau să îți descoperi o latură pe care niciodată nu știai că o ai. Poate că boala respectivă devine motivația de care aveai nevoie ca să câștigi sau să reușești, însă pe care niciodată nu ai avut-o.

Wilma Rudolph este exemplul care ilustrează motivația rezultată din opoziție. S-a născut prematur în anul 1940, într-o familie cu 22 de copii rezultați din două căsătorii, ea fiind numărul 20. Pe măsură ce se maturiza, Willma a suferit nenumărate internări în spital şi a trebuit să îşi depăşească starea precară de sănătate. Într-un final, a rămas cu probleme la piciorul stâng, fiind nevoită să poarte bandaje sub formă de proteză. Totuşi, cu foarte multă determinare şi cu ajutorul unui medic terapeut, a reuşit să îşi stabilizeze piciorul şi să îşi urmeze visul de a deveni alergător. În 1956, după foarte multă muncă, avea să devină prima femeie americană, care a câştigat trei medalii de aur la o singură olimpiadă.

Care este obstacolul care stă între tine şi visul tău, între locul în care eşti şi cel în care vrei să ajungi? Indiferent care este răspunsul tău, un lucru este sigur. Acelaşi motiv care astăzi te blochează poate să devină motivul pentru care vei reuşi. Tu decizi ce vor însemna pentru tine problemele de sănătate pe care le întâmpini acum, dizabilităţile sau chiar accidentul pe care l-ai suferit.

Glenn Verniss Cunningham a transformat accidentul pe care l-a suferit în motivul pentru care a reuşit. Născut la data de 4 august 1909, el a fost un alergător şi un atlet considerat de mulţi a fi cel mai bun din toate timpurile. La vârsta de 8 ani însă, a suferit un accident la şcoală, din cauza unei persoane care din greşeală a pus în canistră benzină în loc de cherosen. Fratele lui, Floyd, de doar 13 ani, a murit mistuit de flăcări, în timp ce el a suferit arsuri serioase la amândouă picioarele. Doctorii i-au prezis că niciodată nu va mai putea să umble, în urma arsurilor serioase care i-au ars toată pielea şi carnea de pe genunchi şi toate degetele de la piciorul stâng. Ei au sugerat amputarea picioarelor, dar părinţii lui au refuzat. La doi ani după accident, cu multă determinare şi foarte multe ore de muncă, a reuşit treptat să îşi recapete abilitatea de a umbla, iar mai târziu a început să alerge uşor. Cu credinţa că Dumnezeu îi va reda puterea să umble şi bazat pe Isaia 40:31, care spune: *„Dar cei ce se încred în Domnul îşi înnoiesc puterea, ei zboară ca vulturii; aleargă, şi nu obosesc; umblă, şi nu ostenesc"*, Glenn a ajuns nu doar să umble din nou, dar să şi alerge. El a doborât record după record, a obţinut multe medalii şi a stabilit trei noi recorduri mondiale, devenind unul dintre cei mai buni alergători din toate timpurile. Azi, el nu mai este, însă un parc îi poartă numele în Kansas.

Glenn este un exemplu viu până astăzi şi a demonstrat că ceea ce se întâmplă cu noi ca rezultat al neatenţiei cuiva nu ar trebui să ne oprească din a continua să visăm şi să ne îndeplinim chemarea pe care Dumnezeu ne-a dat-o pe pământ. Oricare ar fi situaţia în care te afli acum (jobul pe care l-ai pierdut, CV-ul care ţi-a fost respins etc.), nu renunţa, nu te da bătut, continuă.

Jack Ma este fondatorul şi directorul executiv al companiei Alibaba, cea mai mare companie de vânzări online din China. Cu o valoare estimată de revista Forbes de 24,1 milioane de dolari, el apare în lista celor mai prosperi oameni din China. În anul 2004, în China, Jack a fost inclus în topul celor zece afacerişti ai anului, iar în mai 2009 a fost numit de către revista Time unul dintre 100 cei mai influenţi oameni. În anul 2014, revista Forbes îl situează din nou în topul celor 30 cei mai puternici oameni din lume, în timp ce în anul 2015 este onorat cu premiul anului, The Asian Awards. Tot în 2015, Forbes l-a numit al doilea cel mai bogat om din China.

Când te gândeşti la toate aceste premii, te gândeşti la un succes extraordinar şi totuşi, Jack Ma pe care noi îl cunoaştem azi, nu a fost dintotdeauna omul prosper şi de succes. Din contră, el a crescut în vremea regimului comunist din China, a căzut de două ori la examenul de intrare la

Universitate, a fost respins la fiecare loc de muncă la care a aplicat, inclusiv KFC (Kentucky Fried Chicken). Când compania KFC a ajuns în China, douăzeci de persoane și-au depus CV-ul pentru un loc de muncă, printre care era și Jack Ma. Din 20 de persoane, 19 au fost acceptate și una singură a fost respinsă, iar aceasta este Jack Ma.

Secretul din spatele reușitei lui este definit de un singur cuvânt: perseverență. Ca adolescent, a continuat să persevereze până când a reușit ceva ce avea să îi schimbe viața pentru totdeauna. Cu fiecare respingere, Jack s-a ridicat din nou și a mers mai departe. Curajul, determinarea și perseverența l-au dus pe culmile succesului, pe care nu credea vreodată că va putea să ajungă. Întrebat mai târziu care a fost catalizatorul care l-a condus unde este acum, el a declarat: respingerile. Fiecare respingere pe care a experimentat-o a însemnat un motiv în plus să continue. Datorită problemelor pe care le-a întâmpinat în căutarea unui loc de muncă, azi este faimos. Obosit de atâtea încercări eșuate, a decis să folosească internetul de acasă, pentru a irosi timpul și a uita de toate problemele. Atunci însă i-a venit și ideea genială care l-a transformat în ceea ce este astăzi. Nu doar el se bucură de serviciile companiilor lui, dar și milioane de oameni care pot să se folosească de aceste servicii, pentru diferite achiziții. Dumnezeu i-a închis în față fiecare ușă pe care el încerca să o deschidă, pentru a ajunge în punctul în care să poată fructifica ideea genială pe care a pus-o în el. Vezi cum dificultatea și opoziția au devenit motivul pentru care a reușit?

Tu ce probleme și opoziții experimentezi în viața ta acum și cum le-ai definit? Sunt ele motivul pentru care renunți sau motivul pentru care continui să perseverezi, știind că Dumnezeu va scoate ceva bun din fiecare lucru? Poate că în urma accidentării maşinii, ai primit alta mai bună; poate datorită relaţiei care s-a rupt ai putut să creezi o altă relaţie mult peste nivelul primei; poate datorită problemelor pe care copilul ţi le-a făcut la şcoală, ai putut să descoperi că şcoala la care l-ai trimis nu este cea mai bună şcoală pentru el; poate falimentul companiei tale a deschis orizontul spre alte investiţii mai profitabile. Indiferent care este lucrul pe care îl experimentezi, el aduce cu sine oportunităţi care te vor conduce spre realizări de neimaginat vreodată, dacă le observi şi profiţi de ele.

Priveşte problemele şi dificultăţile ca pe nişte oportunităţi. Spune-ţi ţie însuţi ce nu eşti dispus să faci. Poate nu eşti dispus să renunţi la fiecare moment frumos pe care l-ai experimentat cu soţia, numai pentru că în acest moment nu vă mai înţelegeţi. Deci vei căuta modalitatea prin care să dezvolţi relaţia, profitând de această situaţie. Poţi să descoperi ce ai făcut bine şi ce nu ai făcut bine, ce a funcţionat şi ce nu a funcţionat şi eşti hotărât să nu renunţi la experienţele pozitive şi la fiecare zi superbă care te aşteaptă în viitor, doar pentru că acum experimentezi o dificultate. Dimpotrivă, vrei să profiţi de situaţie.

Julio Iglesias este exemplul unui vis zdrobit, dar niciodată învins. El a avut un vis şi o pasiune pentru care a luptat în tinereţe, însă visul lui a devenit nerealizabil, atunci când într-o zi, a suferit un accident grav. Visul lui a fost să joace fotbal profesionist, ceea ce a şi făcut, pentru o perioadă scurtă. În primii ani de fotbal a jucat la Real Madrid Castilla, ca apărător, dar cariera lui s-a năruit odată cu accidentul de automobil în care a fost implicat şi în urma căruia şira spinării i-a fost zdrobită, picioarele i-au fost slăbite pentru totdeauna, necesitând terapie chiar şi după câţiva ani de la accident. Timp de doi ani nu a putut umbla defel, astfel că tot ce a putut să facă a fost să privească cum cariera lui de fotbalist se năruie sub propria-i privire. Totuşi, în mijlocul problemelor şi a dificultăţilor pe care le-a experimentat, el s-a ridicat şi a început să lucreze la transformarea lor în oportunităţi, în vederea lansării lui în noua carieră muzicală.

Totul a început când o asistentă i-a oferit o chitară pentru a face ceva cu mâinile pe care le putea folosi. Din acel moment a început să-şi clădească o altă carieră, mult peste cea de fotbalist, care l-a dus în topul celor mai buni artişti muzicali din istorie. În aprilie 2013, a primit două premii: premiul pentru cel mai bun şi premiul cel mai popular artist internaţional din toate timpurile, în China. În cariera lui muzicală a câştigat o mulţime de alte premii şi a înregistrat peste 2600 de discuri de aur şi de platină, devenind unul dintre cei mai vânduţi artişti din toate timpurile.

Julio Iglesias a ajuns cunoscut în toată lumea pentru talentul lui muzical şi pentru reuşita care l-a condus pe culmile succesului. Mai mult decât atât, el este tatăl altor doi artişti cunoscuţi pe plan internaţional: Julio Iglesias Junior şi Enrique Iglesias. Acest om a înţeles că poate să transforme problemele în oportunităţi. Putea să îşi plângă de milă pentru tot restul vieţii şi să Îl învinuiască pe Dumnezeu, să se învinovăţească pe el, accidentul, pentru problemele create. Totuşi, a profitat de o chitară şi a schimbat problema în care se afla, într-o carieră muzicală.

Poate şi tu eşti în acest impas chiar acum, sau poate ai fost, ori vei fi la un moment dat în viitor. Indiferent unde te afli, este important să înţelegi că problemele sunt doar oportunităţi care aşteaptă să fie recunoscute şi folosite. Dacă visul pe care l-ai avut s-a năruit sub privirea ta, fără să poţi face ceva, caută totuşi să vezi ce poţi scoate bun din această situaţie. Întreabă-te ce vrea Dumnezeu de la tine, pentru ca în urma acelei dezamăgiri să descoperi cu adevărat, ca şi Iglesias, adevăratul tău potenţial şi talent, care odată accesat, te va duce mult mai departe decât ai fi reuşit vreodată în propriul tău vis. Dumnezeu întotdeauna lucrează spre binele nostru, însă noi trebuie să vedem lucrarea Lui şi să o acceptăm, ca să putem profita de ea.

Poate suferi de o boală devastatoare, sau de o pierdere financiară. Întrebarea pe care ar trebui să ţi-o pui este următoarea: „Ce este bun în asta?" Nu te concentra pe lucrurile negative, pentru că vei ajunge să le experimentezi, dar dacă te concentrezi pe lucrurile pozitive, pe acelea le vei experimenta. Deschide-ţi ochii şi priveşte problemele ca pe o sursă de creştere.

Regula de bază atunci când te afli într-o problemă este să nu tragi nicio concluzie înainte de a te asigura că ai epuizat orice altă posibilitate. Odată ce ai venit cu o definiţie despre ce înseamnă acea problemă, creierul se opreşte din căutarea soluţiilor. Tu alegi cum vei numi fiecare circumstanţă prin care vei trece. După cum problemele sunt o alegere, tot aşa şi succesul, fericirea, prosperitatea, contribuţia sunt o alegere. Tu decizi cum vei numi momentele provocatoare prin care vei trece. Două persoane se uită la acelaşi lucru, dar acţionează diferit. Unul îl foloseşte ca motiv să facă un pas înainte înspre aplicarea visului, altul îl foloseşte ca motiv să dea înapoi şi să renunţe la vis. Diferenţa este numele pe care ei au ales să îl dea acelui lucru. Numeşte circumstanţele dificile prin care treci oportunităţi, nu probleme. Oportunităţi pentru a creşte, a te dezvolta, a învăţa, a nu mai repeta, a alege o altă metodă, a deveni mai motivat, a fi mai atent...

Oamenii de succes, care au schimbat lumea prin influenţa şi reuşitele lor, le-au numit oportunităţi. Oamenii care nu au realizat prea multe lucruri semnificative în viață, le numesc probleme. Tu cum le numești? Este important să înțelegi că singurele probleme pe care le-ai experimentat până în acest moment, sau pe care le vei întâmpina de acum încolo sunt acele lucruri pe care tu le alegi ca probleme. Tu ai ales sau vei alege ca problemele să devină probleme, prin felul în care le-ai numit și te-ai raportat la ele. Eu niciodată nu am probleme, căci pentru mine problemele nu există. Problemele sunt oportunități.

Valorile

Valorile tale sunt standardul comportamentului şi a felului tău de a face lucrurile pe care le defineşti ca fiind corecte şi importante pentru stilul de viaţă pe care l-ai adoptat. Când alegerile şi acţiunile tale se aliniază cu valorile tale, atunci te simţi împlinit şi confortabil. Experimentezi linişte şi pace sufletească, deoarece ştii că faci lucrurile potrivite în felul potrivit. Când alegerile şi acţiunile nu sunt în linie cu valorile, te simţi neîmplinit, iar imaginea ta are de suferit, pentru că lucrurile pe care le valorifici nu sunt satisfăcute.

Fiecare persoană alege anumite valori pe care apoi le pune în practică, transformându-le într-un stil de viaţă. Unele valori trebuie respectate indiferent de carieră, de prestigiu sau de nume şi acestea sunt cele morale. Valorile determină valoarea unei persoane, deoarece ea se ridică întotdeauna la nivelul valorilor pe care le-a adoptat. Dacă valorifici timpul în compania unor persoane înţelepte, cu influenţă în societate şi bine pregătite, atunci vei deveni o astfel de persoană, cu o valoare similară lor. Tu valorezi în funcţie de lucrurile pe care le valorifici, iar lucrurile pe care le valorifici sunt acele convingeri pe care ţi le-ai format conştient sau inconştient. Ele sunt acele priorităţi asumate, pe care le preţuieşti mai mult decât orice; sunt lucrurile cele mai importante pentru tine. Valorile determină priorităţile şi progresul. Bazat pe valorile pe care le-ai asimilat, verifici dacă viaţa ta se îndreaptă spre ceea ce ţi-ai imaginat şi speri să reuşeşti. Când lucrurile pe care le faci şi felul în care le faci se potrivesc cu valorile tale, te simţi împlinit şi satisfăcut, însă când nu se potrivesc cu valorile personale, te simţi nesatisfăcut şi neîmplinit.

Valorile există, sunt reale şi ne coordonează viaţa, de aceea este important să le identifici şi să îţi stabileşti nişte scopuri pentru fiecare dintre ele. Dacă preţuieşti familia, dar eşti nevoit să lucrezi până la 50 de ore pe săptămână, cu siguranţă te vei simţi nemulţumit. În acest caz, timpul petrecut cu familia suferă. Când ştii care sunt valorile tale, poţi să îţi reformezi viaţa şi să iei decizii despre cum alegi să îţi prioritizezi lucrurile. Dacă nu ştii care sunt acestea, atunci cu siguranţă nu ţi le-ai format tu în mod conştient, ci s-au format singure de-a lungul timpului, rezultând din experienţele pe care le-ai avut, atât bune, cât şi rele. Dacă în fiecare zi, pe lângă serviciul pe care îl ai, te mai uiţi la televizor sau eşti în mod constant pe site-uri de socializare, înseamnă că acestea sunt lucrurile pe care le valorifici inconştient. Lucrurile pe care le faci reflectă valorile pe care le ai. Dacă ai valori foarte bune, vei observa că priorităţile sunt bine definite de un plan pe care îl aplici în fiecare zi. Dacă nu ai valori bine definite, înseamnă că inconştient faci lucruri pe care nici măcar nu ştii că le valorifici.

Întreabă-te care sunt lucrurile pe care le valorifici în viaţă mai mult decât orice altceva. Acestea sunt convingerile şi obiceiurile asupra cărora acţionezi. Dacă nu ai valori bine definite, aş vrea să te ajut să îţi creezi singur. În acest fel, vei deveni disciplinat şi vei investi intenţionat în lucrurile importante, în schimbul celor care sunt mai puţin importante. De ce ai vrea să pierzi timp pentru a face lucruri care nu îţi aduc niciun câştig, când ai putea să investeşti acel timp în lucrurile pe care le apreciezi? Dacă nu îţi creezi propriile tale valori, cei din jur te vor influenţa şi îţi vor impune propriile lor valori. De exemplu, dacă vei intra într-un cerc de prieteni care bârfesc pe oricine pot bârfi, sau care îşi pierd timpul privind ore în şir la televizor, atunci nu va trece mult până când vei adopta şi tu aceleaşi obiceiuri.

Dorinţa mea este să te ajut să îţi creezi propriile tale valori, pe care să le valorifici, astfel încât, indiferent ce se întâmplă în jurul tău, tu să rămâi puternic şi să ai valori puternice. Cei mai mulţi oameni merg de-a lungul râului în direcţia în care îi conduc curenţii, inconştienţi fiind de pericolele care sunt pe cale să vină şi de pierderile pe care le vor suferi. Tu citeşti această carte pentru că nu vrei ca alţii să îţi controleze direcţia de mers. În acest caz, care sunt lucrurile cele mai importante pe care vrei să le reformezi ca principii de viaţă sau ca valori personale?

Pentru a te ajuta să înţelegi mai bine, am scris care sunt propriile mele valori, în ordinea priorităţilor:

a) Dumnezeu   d) biserica
b) sănătate   e) vise
c) familie   f) contribuţie

Ordinea este stabilită după cele mai importante criterii. Pentru a putea să investesc în mine, trebuie să investesc în relaţia mea cu Dumnezeu. În astfel de momente, eu cresc nivel după nivel. Investind în sănătatea mea, investesc în relaţia mea cu soţia şi cu copiii, căci unei persoane bolnave îi va fi imposibil să îşi aducă contribuţia în familie la nivelul unei persoane sănătoase. Investind în relaţia mea cu Dumnezeu, în sănătate şi în familie, investesc şi în biserică, pentru că biserica este formată din familii puternice şi sănătoase. La biserică duci investiţia şi creşterea din cele trei domenii ale vieţii personale. Investind în acestea patru, investesc în visele mele. Mă motivez, mă concentrez şi mă dedic acestor vise. Investind apoi în cele cinci, contribui în vieţile oamenilor. Întotdeauna îi vom influenţa pe cei din jurul nostru în funcţie de creşterea şi de mărimea noastră. O persoana influentă îi va influenţa pe alţii la scară mare, însă o persoană mai puţin influentă va influenţa oameni la nivelul respectiv. Dacă vrei să contribui cu adevărat în societate, atunci investeşte în cele cinci lucruri, care vor determina contribuţia în viaţa celor ce te înconjoară.

Care sunt valorile pe care le-ai creat pentru viaţa ta? Dacă te afli în lista majorităţii oamenilor care nu şi-au fixat clar nişte valori după care să se ghideze, atunci este uşor să realizezi de ce nu ai reuşit nimic semnificativ până în acest moment. Succesul nu vine accidental, ci trebuie bine planificat şi bine lucrat până la obţinerea rezultatelor. Dacă nu poţi să enumeri câteva valori pe care le urmezi acum, cu siguranţă eşti o persoană care face ce face toată lumea, încadrându-te în tiparul şi în limitele standardului celorlalţi. Totuşi, vestea bună este că nu trebuie să continui la fel ca până acum, dar că acum este momentul să spui „până aici", să faci o întoarcere radicală şi să îţi construieşti viaţa pe care vrei să o trăieşti tu, nu cea pe care alţii au ales-o în locul tău.

Pentru a schimba valorile pe care le-ai asimilat din lumea înconjurătoare, ar fi bine mai întâi să îţi creezi o listă cu cele pe care vrei să le implantezi de acum încolo. Scrie pe o foaie de hârtie, în ordine descrescătoare, cele mai importante valori pe care vrei să le implementezi şi care vor reprezenta priorităţile tale. Caută să le respecţi în fiecare zi, chiar dacă vor exista persoane sau evenimente care îţi vor distrage atenţia. Rămâi pe poziţie orice s-ar întâmpla şi chiar dacă cei din jur îşi pierd propriile valori. Fă-ţi un plan pentru fiecare valoare în parte. În ce mă priveşte, eu ştiu cum voi valorifica relaţia cu Dumnezeu, cum voi valorifica sănătatea, cum voi valorifica biserica, cum voi valorifica visele, golurile şi aspiraţiile, cum voi valorifica contribuţia pe care o am în vieţile oamenilor. Iată mai jos cum văd eu lucrurile:

Dumnezeu - Ce obiceiuri şi convingeri îmi creez, astfel încât relaţia mea cu Dumnezeu să fie valorificată zilnic? Poate fi un timp petrecut în rugăciune şi meditaţie, sau un timp de studiu.

Sănătate - Care este planul meu, prin care valorific sănătatea pe care o am? Pot să fie şapte ore de somn, mâncare sănătoasă şi antrenamente în anumite zile ale săptămânii.

Familia - Ce obiceiuri şi convingeri îmi stabilesc, astfel încât familia să fie valorificată zilnic? Poate un timp petrecut cu soţia, un timp petrecut cu copiii, ieşiri împreună, lucruri creative, surprize.

Biserica - Care este planul meu raportat la biserică? Poate să particip la toate programele, să slujesc indiferent de nevoia pe care biserica o are, să mă ofer voluntar.

Vise - Ce obiceiuri şi convingeri îmi creez, astfel încât visele şi aspiraţiile mele să fie valorificate? În primul rând, ar trebui să ştii care sunt golurile tale. Care este planul tău pentru următorul an? Dar pentru următorii cinci? În funcţie de ţinta, sau de visul pe care îl ai, trebuie să faci ceva zilnic pentru a ajunge acolo. Poate acum eşti în stadiul de dezvoltare, adică elimini tot ce te opreşte din a ajunge acolo şi în schimb creezi noi obiceiuri şi convingeri, care te vor propulsa înspre acea ţintă.

Contribuție - Ce voi face zilnic pentru a adăuga valoare oamenilor din jur, pentru a-i ajuta? Poate să fie investiția pe care o faci în dezvoltarea unor persoane, un ajutor financiar acordat unor persoane în nevoie, acte caritabile...

După ce ai creat un plan pentru fiecare, asigură-te că îl urmezi în fiecare zi, până când valorile pe care intenționezi să le asimilezi și felul în care vei face acest lucru vor deveni parte din tine, adică obiceiuri. Odată ce aceste valori se vor transforma în convingeri pe care le vei repeta zilnic printr-o rutină, lucrurile se vor schimba. Așteaptă-te să devii o persoană mult mai responsabilă, o persoană atentă, o persoană sensibilă, o persoană inteligentă, o persoană fericită, o persoană prosperă, sau într-un cuvânt, o persoană de succes. Valorile au puterea să te ridice sau să te coboare în orice moment al vieții, indiferent de poziția sau de puterea pe care o deții pe scara socială. De aceea, ultimul lucru pe care trebuie să îl faci este să te asiguri că valorile tale nu sunt inversate. Când ajungi să îți pierzi prioritățile, îți pierzi de fapt organizarea, care aduce cu ea un lanț de lucruri negative, care la un moment dat pot să te destabilizeze și să îți afecteze valorile.

Problema cea mai mare pe care o au oamenii astăzi este ordinea priorităților. Când aceasta este inversată, atunci atât tu, cât și familia ta, iar ulterior compania și societatea vor avea de pierdut. Dacă spre exemplu, faci greșeala să pui mai presus de familie dorința de a câștiga mai mult și de a-ți crește capitalul, atunci te vei trezi în postura în care au ajuns mulți oameni. Ei au reușit în domeniul pe care și l-au propus, dar au ajuns mizerabili, nefericiți și neîmpliniți, pentru că au pierdut ce aveau mai drag și mai frumos în lumea aceasta, și anume familia.

Un alt exemplu sunt oamenii care aleargă ani de zile

până la epuizare, pentru a câştiga mai mulţi bani. Când în sfârşit reuşesc, nu se mai pot bucura de ei pentru că sănătatea nu le mai permite, iar acum trebuie să plătească acei bani pe care i-au făcut cu preţul sănătăţii, ca să îşi recapete sănătatea. Viaţa lor devine astfel o călătorie dureroasă. Isus a întrebat la ce i-ar folosi unui om să câştige toată lumea, dacă îşi va pierde sufletul pentru veşnicie. Aceasta este totodată şi cea mai frumoasă afirmaţie făcută vreodată. Isus a ştiut acest principiu: poţi să deţii orice doreşti, dacă nu ai sănătate, niciodată nu te vei putea bucura de posesiunile tale; poţi să ai tot ce pofteşti, însă dacă nu ai familia lângă tine, toate acele lucruri nu vor însemna nimic.

Niciodată să nu inversezi priorităţile, deoarece ele definesc procentul de fericire şi reuşită. Succesul este mult mai mult decât o împlinire pământească. El înseamnă să fii o persoană împlinită atât sufleteşte şi pământeşte, cât mai ales spiritual. Dacă relaţia ta cu Dumnezeu este puternică, atunci şi sufletul tău (mintea, sentimentele şi voinţa) va funcţiona foarte bine. Când mintea este în stare excelentă de funcţionare, atunci şi prosperitatea materială va veni, deoarece mintea defineşte cât de departe vei merge în viaţă şi cât de prosper vei fi. Relaţia cu familia, sănătatea, reuşitele în viaţă, contribuţia, toate vin din acelaşi loc numit minte. De aceea, nu uita ordinea priorităţilor! Valorile pe care le-ai ales ca priorităţi contribuie la viaţa pe care o vei trăi.

1) Iţi determină valoarea

Dacă vrei să ştii cu adevărat cât valorezi, atunci uită-te la lucrurile pe care le valorifici. Tu te vei ridica doar atât de sus cât îţi sunt şi valorile. Dacă valorile sunt bine gândite şi stabilite în funcţie de importanţa lor şi de efectele pe care le au asupra persoanelor de succes, atunci la fel va deveni şi valoarea ta. Dacă valorile nu sunt clare, ci doar asimilate ca urmare a mediului în care intri, sau a persoanelor cu care umbli, atunci la fel va fi şi valoarea ta. Dacă vrei cu adevărat să îţi creşti semnificativ valoarea, atunci trebuie să îţi stabileşti valori semnificative, pentru că ele reprezintă standardul valorii tale.

Este puţin probabil să îţi creşti valoarea atunci când risipeşti orele la televizor, ai un stil de viaţă nesănătos şi un caracter deficitar. Te întrebi dacă este posibil ca o persoană să valorifice un caracter deficitar, sau un stil de viaţă nesănătos. Răspunsul este cu siguranţă da. Oricine nu valorifică un stil de viaţă sănătos conform unui plan, face de fapt exact opusul, inconştient de acest lucru, şi oricine nu valorifică un caracter puternic, valorifică de fapt un caracter slab.

„Nu poţi să dai ceea ce nu ai!"

Valoarea pe care o ai este ceea ce te reprezintă. Nu vei putea niciodată să realizezi un lucru care te depăşeşte şi nici să dăruieşti ceea ce nu ai. Oamenii de succes au înţeles că înainte de a da ceva valoros, trebuie să devină valoroşi. Înainte de a câştiga semnificativ, trebuie să devină semnificativi, pentru că ei sunt factorul care determină câştigul. Trebuie să înţelegi că eşti extrem de valoros. De fapt, valorezi atât de mult, încât Dumnezeu a decis ca pentru tine să dea tot ce a avut mai valoros, pe Isus. Fiindcă Dumnezeu a dat tot ce a avut mai valoros, tu ai devenit valoros, însă pentru a pune mâna pe această valoare pe care o reprezinţi, trebuie să faci ceva. Gândeşte-te la următoarea ilustraţie: orice bucată de lemn tăiată din pădure pentru a fi folosită îşi are importanţa ei în procesul de prelucrare, deşi ea pare a fi ceva foarte banal şi comun. Importanţa ei derivă din lucrul în care este transformată şi din felul în care lucrul respectiv va fi folosit. Lemnul poate fi pregătit pentru foc, caz în care valoarea lui este nesemnificativă. Acelaşi lemn poate să fie transformat în altceva, precum un scaun, pentru a fi folosit în diferite scopuri, iar valoarea lui va creşte, el fiind mai util decât în primul caz. Aceeaşi bucată de lemn poate să fie transformată într-o vioară Stradivarius, care este inestimabilă. Viorile Stradivarius, construite de Antonio Stradivarius, valorează zeci de milioane de dolari, fiind recunoscute pentru sunetul impecabil pe care îl reproduc.

Lemnul despre care am vorbit te reprezintă pe tine. Foarte mulţi oameni îşi imaginează că ceea ce îi deosebeşte pe cei care au reuşit ceva semnificativ în viaţă de ei înşişi este persoana pe care o reprezintă. Această gândire este neadevărată, deoarece valoarea lor este şi valoarea ta. Dumnezeu ne-a creat pe toţi cu acelaşi dar, numit potenţial, care este nelimitat. Diferenţa dintre o persoană şi alta nu este definită de ceea ce reprezintă ea, ci de lucrul în care este transformată şi de felul în care va fi folosită. Toţi oamenii au fost creaţi din acelaşi material, însă ceea ce face diferenţa este procesul prin care sunt transformaţi.

Motivul pentru care unii oameni valorează atât de puţin provine din nedorinţa lor de a trece prin acel proces de transformare. Mulţi dintre noi alegem un proces rapid, sau alegem chiar să ne „ardem" propria viaţă pentru plăcerea de o clipă. Lemnul de foc are şi el importanţa lui, însă comparativ cu un scaun sau cu o vioară Stradivarius, este mult prea nesemnificativ. Scaunul, la rândul lui, are valoare şi funcţionalitate, dar faţă de o vioară Stradivarius este mult prea nesemnificativ. Fiecare dintre cele trei exemple pot să contribuie cu ceva în lumea aceasta, însă nivelul este întotdeauna definit de procesul prin care este trecut şi de rezultatul final în care este transformat. Dacă alegi procesul unui lemn de foc, vei fi gata în câteva minute pentru a fi folosit; dacă alegi procesul unui scaun, atunci timpul se va prelungi la ore sau chiar zile; dar dacă vei alege să treci prin procesul unei viori Stradivarius, zilele se vor transforma în săptămâni, iar săptămânile în luni, până când vei fi pregătit de funcționare. Tu ești cel care trebuie să aleagă în ce îți vei transforma viața. Dumnezeu te va prelucra și te va folosi doar la nivelul la care vei dori. Dacă vrei ca viața ta să însemne mai mult decât câteva minute în care arzi intens, sau câțiva ani în care ești folosit ca suport pentru a-i sprijini pe alții, atunci trebuie să alegi procesul amplu prin care Dumnezeu te va transforma. Nu uita însă că acest proces va lua întotdeauna un pic mai mult timp de pregătire. Deși va trebui să fii prelucrat în detaliu, alegerea îți va aduce foarte multă satisfacție. Viața ta poate să devină precum o vioară Stradivarius, care simbolizează excelența, iar prin ceea ce devii poți să atingi inimile a milioane de oameni, sau chiar miliarde, și numele tău să rămână în istorie pentru totdeauna. Trei lucruri fac diferența între-o viață: procesul, lucrul în care ești transformat și felul cum vei fi folosit.

Dumnezeu poate să îți crească valoarea pe care o reprezinți acum, mai mult decât ți-ai fi imaginat vreodată, dacă vei accepta să fii transformat într-un lucru care va influența milioane de oameni. Pentru aceasta însă, ai nevoie să înțelegi cine și ce ești acum, dar și cine și ce ai putea să devii. Nu persista în ideea că nu ești decât un simplu angajat sau muncitor, că nu ai pregătirea necesară, că nu ai banii necesari, că nu ai ce îți trebuie ca să devii mai mult decât ești.... Dacă gândești astfel, aș vrea să îți dau o veste bună. Nu ai nevoie de nimic din toate acestea. Singurul lucru de care ai nevoie este o decizie: decizia de a te lăsa prelucrat de

Dumnezeu. Nu contează ce ai fost până acum, contează ce vei alege să faci cu viața pe care o ai de-acum înainte. Alege să devii tot ceea ce ai putea să devii, printr-o alegere numită valoare. Alege să îți crești valoarea atât de mult, încât numele tău să fie reprezentat de execelență.

2) Îți determină experiențele în viață

Valorile determină ceea ce experimentezi în viață, deoarece ceea ce experimentezi se datorează lucrurilor pe care ai ales conștient sau inconștient să le valorifici. Dacă alegi să valorifici cititul în locul privitului la televizor, cu siguranță vei deveni o persoană citită, care se dezvoltă constant. Când alegi să valorifici relația cu familia și îți formezi un plan pentru ea, experiențele pe care le vei extrage vor fi pe măsură, rezultând o familie sănătoasă, stabilă și fericită. Fiecare dintre noi alegem ce vrem să valorificăm, în cunoștință de cauză sau nu, iar alegerea duce la experimentare.

Creșterea valorii va determina experiențe diferite, de aceea, preocuparea numărul unu trebuie să fie creșterea. La începutul cărții îți spuneam că alegerile determină acțiunile, din care rezultă experiențele. Absolut adevărat! Totuși, ia în calcul schimbarea experiențelor prin schimbarea alegerilor și a acțiunilor determinate de valoarea pe care o reprezinți. Poți să îți dorești, și chiar să încerci, să alegi mai atent decât ai ales înainte, cu speranța să schimbi experiențele. Totuși, alegerile se schimbă în bine doar dacă valoarea ta crește. Câtă vreme rămâi la fel, vei continua să faci aceleași alegeri sărace, de aceea este atât de vitală creșterea valorii.

Probabil că te întrebi cum poți să îți mărești valoarea. Acest lucru este posibil dacă ridici standardul pentru valorile create. Stabilește-ți noi priorități pe care să le pui în valoare, cum ar fi Dumnezeu, sănătatea, cititul, relațiile, visele, dezvoltarea personală. Toate îți vor schimba viața pe care o experimentezi acum cu una pe care doar o visai sau nu credeai că există. Oamenii sunt frustrați adesea de experiențele lor, dând vina pe oricine altcineva în afară de ei înșiși. Ceea ce nu realizează este că singurele persoane care chiar ar putea să schimbe ceva sunt ei, însă pentru că își neagă responsabilitatea, rămân cu aceleași frustrări, plângeri și nemulțumiri. Mă bucur că tu nu ești o astfel de persoană. Când îți asumi responsabilitatea și îți stabilești valorile, trăirea ta se schimbă, iar realizările pe care le vei atinge nu au limite. Nimeni nu poate să determine cât de departe vei merge, deoarece cu Dumnezeu totul este posibil. Folosește valoarea pe care Dumnezeu ți-a dat-o, punând în practică valorile pe care El le cere de la tine. Atunci, viața aceasta va fi ceea ce Dumnezeu a promis. El vrea ca tu să trăiești o viață tridimensională.

3) Îți determină valoarea pe care o produci

Valoarea pe care o produci este determinată de valoarea pe care o ai și rezultă din lucrurile pe care le valorifici. Nimeni nu poate să producă o valoare mai mare decât valoarea pe care o reprezintă. Ne ridicăm doar la nivelul valorilor noastre. Cel care are valori bine determinate va avea o contribuție semnificativă în lume, datorită lucrurilor pe care le valorifică. Cu cât valorile noastre sunt mai bune, cu atât noi devenim mai valoroși și contribuția noastră, respectiv valoarea pe care o producem este mai mare.

Probabil că te întrebi de ce este atât de importantă valoarea pe care o produci. Este importantă deoarece face diferența în orice domeniu al vieții. Valoarea face diferența în relațiile pe care le ai, face diferența în sănătatea pe care o ai, face diferența în stilul de viață pe care îl adopți, face diferența în economie și în banii pe care îi câștigi. Nu poți să obții mai multe ore într-o zi pentru a câștiga mai mulți bani, însă întotdeauna poți să devii mai valoros. Valoarea face diferența în câți bani câștigi. Cea mai importantă lecție în economie este aceasta: suntem plătiți pentru valoarea pe care o producem. Deși este nevoie de timp pentru a aduce această valoare, tu nu ești plătit pentru timp, ci pentru valoare. Din greșeală, noi spunem: „Sunt plătit cu atâția bani pe oră", însă nu este corect, deoarece nu suntem plătiți pentru oră, ci pentru valoarea pe care o realizăm într-o oră. Ora este folosită ca unitate de timp pentru a evalua valoarea.

Este posibil să crești valoarea de două ori și să faci de două ori mai mulți bani în același timp? Sau de trei, de patru ori? Răspunsul este: bineînțeles că poți să devii mai valoros, însă dacă... Este un dacă. Este posibil să câștigi de câteva ori mai mult în același număr de ore, însă doar dacă oferi o valoare mai mare. Diferența dintre două persoane care prestează același lucru, în același număr de ore, dar care au salarii diferite, constă în valoarea pe care o produc, în numărul de ore pe care le lucrează. Pentru ca să câștigi mai mult nu trebuie să lucrezi mai multe ore, ci să introduci o valoare mai mare în orele pe care le lucrezi.

Între un măturător de stradă și un doctor diferența nu stă în orele pe care le lucrează, ci în valoarea pe care o obține fiecare în orele respective. Diferența dintre un simplu angajat la o firmă și un inginer sau economist nu constă în numărul de ore, ci în valoarea pe care o pune în acel număr de ore. Orice valoare este determinată de valori. Lucrurile pe care le valorifici, determină valoarea pe care o produci.

Chuck Wepner este un exemplu care ilustrează foarte bine importanța valorii. El este renumit pentru partida pe care a avut-o împotriva campionului la box Muhammad Ali şi care a rămas în istorie până în ziua de astăzi. Aceasta l-a transformat pe Chuck într-un star. Deşi nu i s-a dat nicio şansă de a câştiga şi a fost doborât la pământ cu 90 de secunde înaintea finalului, pierzând meciul, el a ajuns renumit în urma a ceea ce s-a întâmplat în runda a noua. Este vorba de lovitura la plămâni pe care i-a dat-o lui Ali, aruncându-l la pământ şi cauzând explozia publicului.

Această luptă nu a fost diferită de altele de acest gen, dar a constituit sursa de inspiraţie pentru actorul Sylvester Stallone, care se chinuia din greu la acel moment să îşi clădească o carieră în actorie. Imediat după meci, Stallone s-a dus acasă şi a început să scrie fără întrerupere, timp de trei zile, scenariul pentru binecunoscutul şi premiatul film „Rocky", cu care s-a lansat în cinematografie. Mai mulţi producători s-au arătat interesaţi de scenariu, dar Stallone a insistat că nu-l vinde decât cu condiţia să joace el însuşi în rolul titular. Ofertele au crescut substanţial, de la câteva zeci de mii de dolari, la peste o sută, producătorii dorind o vedetă consacrată în rolul principal. Deşi nu mai avea în cont decât aproximativ 100 de dolari, Stallone s-a ţinut ferm pe poziţie. Ofertele au urcat la 200 000 de dolari şi chiar peste. În cele din urmă, au căzut de acord că Stallone va interpreta rolul, cu condiţia ca bugetul filmului să nu depăşească un milion de dolari. Unul dintre studiouri i-a făcut o ofertă şi lui Chuck Wepner, care trebuia să aleagă între oferta de şaptezeci de mii de dolari chiar înainte de producerea filmului sau un procent din vânzări după realizare. Fiindcă a vrut să fie sigur, Wepner a ales oferta de şaptezeci de mii de dolari, o decizie care l-a costat opt milioane de dolari.

În aceeaşi zi de 24 martie 1975, oportunitatea a trecut atât prin faţa lui Sylvester Stallone, cât şi prin faţa lui Chuck Wepner. Alegerile lor au condus la două destine şi experiențe diferite. Unul a ajuns actor şi scriitor de succes şi continuă să se bucure de aprecierea publicului şi de glorie, până azi, iar celălalt şi-a ratat şansa, rămânând un simplu muncitor. Diferența constă în valoarea pe care cei doi şi-au atribuit-o lor înşişi.

La fel se întâmplă când nu înțelegi valoarea pe care o reprezinți şi partea pe care aceasta ar putea-o avea în crearea unei vieți tridimensionale. Cine eşti este cea mai importantă şi sigură bogăție pe care o vei poseda vreodată. Când vei înțelege importanța valorii pe care o deții şi o vei prelucra şi o vei creşte, atunci viața ta se va schimba. În fiecare zi, Dumnezeu pregăteşte pentru noi o mulțime de oportunități. Accesându-le, viața noastră se va transforma. Veți fi surprinşi să constatați că cei mai mulți dintre noi alegem la fel ca Wepner; luăm decizii sărace, care ulterior ne sabotează. Mă întreb câte milioane am pierdut eu şi tu din cauza alegerilor fără valoare şi a valorilor preluate din societate. Când înțelegem ce suntem şi când conştientizăm valoarea pe care Creatorul a pus-o în noi, vom da la o parte limitările şi vom lucra la acel set de valori care contează cu adevărat. Ne vom concentra pe ele şi ne vom forma priorități corecte, o credință puternică, alegeri foarte bune şi acțiuni care fac diferența între excelență şi mediocritate.

Pentru a fi sigur de rezultate pozitive, verifică valorile pe care le stabileşti şi asigură-te că se potrivesc cu un stil de viață excelent: moral, prosper şi fericit. Asigură-te că sunt în concordanță cu principiile lui Dumnezeu şi întreabă-te dacă eşti mulțumit de ele. Te vei simți confortabil să le împărtăşeşti cu prietenii tăi?

Odată stabilite, valorile îți vor proteja viața de influențele negative din jurul tău, de timpul irosit pe lucruri care nu contează şi de frustrări rezultate din alegeri mai puțin benefice. Înțelegându-le şi identificându-le, valorile te vor ajuta să te formezi în persoana care îți doreşti să devii. Doar prin înțelegerea şi aplicarea lor, vei reuşi mai mult decât îți poți imagina. Vei ajunge să faci lucrurile care contează şi să spui „nu" lucrurilor care nu contează. Îți va creşte enorm productivitatea şi creativitatea în orice domeniu.

Toate aceste valori reprezintă prioritățile tale. Ele sunt ceea ce tu faci zilnic, săptămânal, lunar şi anual şi definesc ceea ce tu crezi, adică convingerile tale, caracterul tău, obiceiurile tale, alegerile tale, acțiunile tale, experiențele tale şi principiile după care te ghidezi. Sunt ADN-ul tău, reprezentând lucrurile pentru care lupți şi pe care le valorifici. Ele determină alegerile şi actiunile, felul în care cheltuieşti şi investeşti. Determină lucrurile pe care te concentrezi şi pe care le realizezi.

Toate persoanele de succes care au reuşit ceva semnificativ în viață au un lucru în comun: valori pe care le-au preluat ca priorități şi pe care le-au urmat cu strictețe. Tu vei deveni o persoană de succes dacă vei prelua acest adevăr şi îți vei crea propriile valori după care să te orientezi. Valorile sunt principiile după care noi ne ghidăm viața, determinând până unde vom merge pe scara socială.

Cât timp trăieşti, ai posibilitatea de a alege ce vei face cu viața ta. Poți să alegi să fii mai puțin decât ai fost creat să fii, sau să fii tot ceea ce Dumnezeu te-a creat să fii.

a) Prima alegere este să fii mai puțin decât valorezi, mai puțin decât ai capacitatea să devii, mai puțin decât ai fost creat să fii; să câştigi mai puțin decât ai putea câştiga; să ai mai puțin decât ai putea avea; să încerci mai puțin decât ai putea încerca; să citeşti şi să gândeşti mai puțin decât ai putea; să trăieşti pentru mai puțin decât ai putea să trăieşti; să visezi mai puțin decât ai putea visa; să crezi mai

puțin decât ai putea să crezi; să fii mai puțin fericit și îm-
plinit decât ai putea; să ajuți mai puțin și să iubești mai
puțin. Acestea sunt alegerile care te conduc spre o viață goa-
lă și neîmplinită. Vestea bună este că nu trebuie să rămâi la
aceste alegeri, deoarece există altele mai bune.

b) A doua alegere este să fii tot ce ai putea fi; să devii
tot ce ai fost creat să devii; să citești fiecare carte pe care o
poți citi, pentru a te dezvolta; să câștigi cât de mult poți, să
dai cât de mult poți; să speri, să crezi și să visezi să devii cât
mai mare și mai influent; să devii mai puternic, mai iubi-
tor, mai înțelegător; să devii o persoană de succes, care să
facă o diferență în lumea în care trăiește; să trăiești o viață
tridimensională.

Hotărârea este a ta: să fii sau să nu fii, să devii sau să
nu devii, să faci sau să nu faci. Poți să devii persoana pe ca-
re Dumnezeu a creat-o să devină. Alegerea îți aparține. De
ce să nu faci tot ce îți stă în putință să faci, în cel mai bun fel
în care ai putea să faci și pentru cât de mult timp vei putea?
Dumnezeu te-a creat pentru ca să realizezi ceva în această
lume, nu doar ca să treci prin ea. Nu îți permite vreodată să
te limitezi la mai puțin decât valorezi. Nu uita că răsplata
întotdeauna este rezervată celor care adaugă valoare oa-
menilor și lumii, ca rezultat al dorinței lor de a deveni ci-
neva și ceva.

13

Principiile

La fel cum există legi universale care guvernează natura, tot aşa există şi principii care guvernează vieţile noastre. Odată înţelese şi aplicate, ele influenţează cursul vieţii noastre în fiecare moment, cu fiecare alegere pe care o facem. Aceste principii se aplică fiecărei persoane, indiferent de cultură, religie, vârstă, educaţie sau poziţie socială. Principiile descriu felul în care cineva foloseşte fiecare lucru, pentru a-şi forma un stil de viaţă. Principiile direcţionează viaţa. Un principiu este o convingere puternică, pe care ţi-ai făurit-o despre un lucru anume. Calitatea principiilor noastre determină calitatea experienţelor, iar calitatea experienţelor determină calitatea vieţii. Să creezi un principiu înseamnă să fii o persoană intuitivă, înseamnă să te pregăteşti pentru surpriză, ca să ştii cum să te bucuri de ea în ziua când va veni.

Dacă ţi-ai format o convingere sau mai exact un principiu despre cum te vei raporta la lucrurile pe care viaţa ţi le va aduce înainte, atunci alegerile vor fi întotdeuna profitabile şi benefice. Când te decizi ce vei face într-o situaţie anume, chiar dacă nu o experimentezi acum, vei avea posibilitatea ca în momentul respectiv să te raportezi la ea corect.

Să presupunem că ai decis, creând un principiu de viață cu privire la starea emoțională. Ai hotărât ca, indiferent de situația prin care vei trece, să îți păstrezi calmul și optimismul, deoarece doar așa vei putea să alegi conștient, fără să fii influențat, și să vezi partea pozitivă de care să profiți. Stabilind pentru tine acest lucru și formându-ți o convingere în direcția aceasta, poți să fii sută la sută sigur că atunci când un conflict sau o veste rea apare, tu vei rămâne calm și pozitiv, chiar dacă va fi dureros.

Poate te întrebi cum este posibil sau dacă este posibil? Sună foarte bine, însă este oare atât de simplu? Adevărul este că sută la sută este posibil. Când s-a creat o convingere, atunci informațiile rezultate din experiențe vor fi preluate de creier, dar înainte ca să decidă conștientul, ele vor trece prin subconștient, unde sunt verificate prin filtrul numit convingeri. În cazul în care informațiile sunt rele, dureroase și negative, subconștientul le va opri chiar acolo și le va respinge, amintindu-ți că trebuie să rămâi calm, pozitiv și să te întrebi ce ai putea să înveți din acea situație.

Sună atât de frumos, nu-i așa? Ei bine, acesta este adevărul pe care trebuie să îl înțelegi, pentru a profita de complexitatea minunată pe care Dumnezeu a pus-o în tine. Realitatea este că fiecare dintre noi avem deja un principiu pentru starea emoțională din subconștientul nostru, stare care poate fi pozitivă sau negativă, în funcție de ceea ce am permis să se formeze înăuntrul nostru. Dacă întotdeauna când starea ta emoțională este provocată izbucnești și devii violent, depresiv sau negativ, atunci este clar că în timp ți-ai învățat subconștientul că așa reacționezi tu, iar acum așa te ghidează. Dacă simți că vrei să spui câteva vorbe urâte unei persoane care nu îți face pe plac, atunci din nou, subconștientul reacționează cum a fost învățat. El știe că te simți bine descărcându-te prin câteva vorbe, pentru că la urma urmei nu eşti un nimeni, ci eşti important. Cei din jur trebuie să îţi ştie de frică, iar tu obţii satisfacţie şi împlinire, pe moment.

Ceea ce trebuie înţeles este simplu: vom experimenta în mod real acele principii pe care ni le formăm în subconştient. Dacă acestea sunt bune, pozitive şi benefice, atunci vei trăi o viaţă împlinită şi frumoasă, deoarece riscurile adoptării unei atitudini greşite în orice situaţie sunt diminuate. În schimb, dacă niciodată nu ţi-ai creat în mod conştient principii, ci ai lăsat totul la voia întâmplării şi ele s-au format „singure", în funcţie de evenimente, mai mult ca sigur că vei experimenta probleme care vor conduce la consecinţe. Pentru ca să fii sigur de rezultate pozitive în orice circumstanţe, trebuie să te asiguri că ai principii foarte bune despre fiecare lucru în viaţă. Trebuie să creezi principii despre caracterul tău şi componentele lui. Spre exemplu:

Integritate - Indiferent de circumstanţe, am să aleg adevărul şi numai adevărul. Nu voi accepta compromisurile, nici măcar pentru o clipă. Ce voi spune, voi face şi ce voi face, voi spune. „Da"-ul meu va fi „da" şi „nu"-ul meu va fi „nu". Dacă vei crea un astfel de principiu despre integritate, îţi va fi uşor atunci când oportunităţile sau gândurile vor veni şi te vor îndemna să alegi altfel. Convingerea te va atenţiona cu privire la ce nu este bine. Totuşi, dacă nu vei avea un astfel de principiu, te vei trezi în faţa oportunităţii de a înşela sau de a alege altceva decât integritatea şi te vei compromite. Astfel, vei avea foarte mult de suferit, atât tu, cât şi compania, biserica, familia sau partenerul. Într-un cuvânt, mediul în care te afli este influenţat de alegerile pe care le faci.

Zece principii de viață

1) Principiu pentru gânduri

Eu îmi direcționez gândurile, nu ele mă direcționează pe mine. Eu accept ce gânduri las să intre și ce gânduri resping. Voi folosi un filtru pentru gândurile care vor încerca să se depoziteze și să se transforme în convingeri. Nu voi permite gândurilor negative să îmi influențeze starea și emoțiile. Singurul care va avea loc în mintea mea este Duhul Sfânt. Nu accept gânduri de frică, de îngrijorare, imorale și negative. Un astfel de principiu te va direcționa întotdeauna pozitiv. A avea un principiu pentru gânduri înseamnă să îți coordonezi viața, deoarece gândurile canalizează fiecare alegere și experiență.

Care este principiul tău pentru gânduri? Alegi în funcție de gândurile pe care le ai, sau în funcție de filtrul prin care le-ai verificat? Dacă nu știi ce să răspunzi, înseamnă că nu ai un filtru, de aceea trebuie să ți-l formezi. Decide tu cum te vor influența gândurile pe care le ai în fiecare clipă. Spune-ți ție însuți cum vrei să te raportezi la ele, atunci când vor veni. Creează-ți un principiu și gândurile tale te vor direcționa pozitiv.

2) Principiu pentru convingeri

A crea un principiu înseamnă a crea o convingere. Convingerile îți vor influența o mare parte din alegeri, de aceea trebuie chiar acum să decizi cum îți vei forma o convingere. Spune-ți ție însuți: „De azi înainte, principiul meu este următorul: nu am să permit nimănui să mă influențeze în formarea convingerilor mele. Doar după ce voi verifica informațiile pe care le primesc despre un lucru, voi decide ce definiție să îi dau. Nu voi permite vreunei convingeri negative să se formeze. Bazat pe filtrul pe care îl am, voi verifica convingerile pe care mi le formez".

3) Principiu pentru alegeri

Alegerile mele vor fi întotdeauna fondate pe gânduri și pe convingeri verificate. Nu am să iau nici o decizie importantă fără ca să verific filtrul prin care voi descoperi cea mai bună alegere. Am să aleg întotdeauna dacă acea alegere nu violează caracterul, convingerile, gândurile și moralitatea lui Dumnezeu.

4) Principiu pentru acțiuni

Acțiunile sunt rezumatele alegerilor pe care le luăm în mod conștient sau inconștient. Acțiunile mele vor fi întotdeauna bine gândite și rezultate din alegeri foarte bune. Nu am să acționez într-o stare sentimentală tensionată. Nu am să acționez condus de impulsuri sau de stări de moment, ci gândindu-mă la consecințe.

5) Principiu pentru relație

Formează-ți un principiu despre cum vei dori să arate relația în care vei intra. Ce fel de persoană vrei să alegi pentru a-ți fi partener pe viață? În ce fel de cercuri de prieteni vei intra? Ce fel de relație ai cu Dumnezeu? Principiul relației este următorul: relațiile în care intru trebuie să fie relații pozitive, din care să învăț, să fiu provocat, să cresc. Relațiile pe care mi le formez nu îmi vor afecta valorile pe care le am.

6) Principiu pentru caracter

Principiul pentru caracter determină ce fel de caracter vei avea. Poate că azi te mândrești cu caracterul pe care îl ai. Toată lumea te apreciază pentru el. Cu toate acestea, nu este suficient, deoarece la un moment dat, caracterul tău va fi provocat. În acel moment, dacă nu există o convingere puternică care să valideze caracterul, vei cădea şi îţi vei pierde calităţile de care te bucuri astăzi. Un principiu pentru caracter înseamnă să asimilezi fiecare componentă a caracterului şi să o atribui acestui principiu. Indiferent ce se va întâmpla în jurul meu, eu voi rămâne o persoană integră: ce voi spune, aceea voi face; responsabilă: în fiecare situaţie îmi voi asuma responsabilitatea; răbdătoare: voi persevera şi îmi voi folosi timpul, oricât de lung sau de scurt va fi, pentru a realiza ce mi-am propus; atitudine: mă voi raporta la lucrurile din jur cu o atitudine corectă; flexibilă: voi rămâne deschis la schimbare şi la creştere; curajoasă: voi avea curajul să înfrunt orice situaţie. Creează-ţi un astfel de principiu şi caracterul tău va rămâne puternic, indiferent de provocări.

7) Principiu pentru problemă

Nimic şi nimeni nu va putea să mă oprească din ceea ce vreau să realizez. Problemele am să le folosesc pentru creşterea mea. Din fiecare problemă şi dificultate am să învăţ ceea ce vrea Dumnezeu să mă înveţe. Problemele nu sunt menite spre distrugerea mea, ci pentru zidirea mea. Henry Ford a spus: „Eşecul este oportunitatea de a începe din nou, dar mai înţelept". Principiul problemei este că nu există probleme. Pentru mine, problemele sunt oportunităţi.

8) Principiu pentru sănătate

Foarte mulţi oameni trăiesc inconştienţi de importanţa sănătăţii în trupul lor, până când ajung să experimenteze o pierdere sau o suferinţă în trup. Abia atunci se trezesc la realitate. A avea un principiu pentru sănătate este vital pentru fiecare persoană, deoarece de sănătatea noastră depinde fiecare realizare în viață. O persoană sănătoasă este mai creativă, mai inteligentă, mai puternică, mai abilă, mai capabilă și mai frumoasă. Când oamenii își creează principii pentru sănătate, devin mai fericiți, mai împliniți și mai satisfăcuți, deoarece au mai multă încredere în ei.

Tu ai un principiu pentru sănătate? Cei mai mulți oameni trec prin viață inconștienți de importanța sănătății, până când se lovesc de realitatea zguduitoare. Fără un astfel de principiu, riști să eșuezi. Imaginează-ți o persoană care a crescut într-o familie săracă, cu posibilități reduse, dar care acum a devenit prosperă. Primul lucru pe care cercetătorii l-au identificat în aceste situații este îngrășarea. Bineînțeles că odată cu îngrășarea apar și celelalte, precum aspectul fizic care se schimbă, metabolismul care suferă și colesterolul care crește. Toate acestea vin la pachet, pentru că acum, omul poate să mănânce tot ce vrea dintr-o varietate foarte mare. Indiferent că ești sărac sau bogat, ceea ce trebuie să faci pentru a avea o sănătate foarte bună este să îți creezi un principiu.

În ce mă privește, sănătatea este pe lista priorităților. Nu îmi permit să îmi pierd sănătatea, pentru că astfel îmi pierd abilitățile de a continua să ajut oameni, să fiu creativ și să cresc. Principiul meu pentru sănătate este următorul: trei zile pe săptămână fac sport, zilnic consum mâncare sănătoasă și dorm șapte, cel mult opt ore pe noapte. Urmărind acest principiu, am crescut foarte mult pe plan psihic, fizic, material și spiritual. Acum, deși sunt zile în care simt că aș vrea să mănânc sau să beau altceva decât ce este sănătos, subconștientul meu mă oprește și îmi spune: „Nu, nu, nu. Nu ai voie să mănânci acea prăjitură, sau să bei acea

băutură, pentru că nu fac bine sănătății tale!" În felul aces-
ta le resping şi merg mai departe. Bineînțeles că sunt şi zile
în care fac excepţii şi mănânc mai puţin sănătos. Totuşi, şi
în aceste zile, subconştientul îmi spune că nu am voie. Eu îi
spun că este ziua în care fac excepţie şi atunci subconştien-
tul se retrage şi eu pot să mănânc liniştit, fără să mă simt
vinovat.

Creează-ți şi tu un principiu pentru sănătate. Nu tre-
buie să fie ca şi al meu. Formează-ți unul unic, aşa cum vrei
tu, însă să nu uiţi că în funcţie de el, vei experimenta să-
nătatea în viitor.

9) Principiu pentru timp

Timpul este foarte important pentru fiecare. Suntem
limitaţi de timp, sau delimitaţi în funcţie de ceea ce alegem
să facem cu el. Oamenii se plâng constant de trecerea tim-
pului: „Sunt atât de multe de făcut şi aşa de puţin timp!"
Eu nu cred această teorie şi nu sunt fanul ei. Eu cred că oa-
menii de succes întotdeauna îşi vor găsi timp pentru succes,
tot la fel cum oamenii nepăsători îşi găsesc timp de pierdut.

Principiul cu privire la timp hotărăşte felul în care îl
vei gestiona. Dacă nu ţi l-ai format în mod intenţionat şi
dacă nu ai o disciplină în subconştientul tău, atunci cu
siguranţă te ghidezi după un principiu dăunător şi negativ.
Eu ştiu exact cum îmi direcţionez timpul. Nu el mă di-
recţionează pe mine, ci eu îl direcţionez pe el. În fiecare zi
am suficient de mult timp pentru a face lucrurile pe care le
consider importante. În mod sigur şi tu îţi vei găsi timp,
dacă îţi stabileşti clar în minte un principiu pe care să îl
aplici.

Oamenii mediocri îşi consumă timpul în funcţie de
ceea ce le aduce ziua, însă oamenii de succes ştiu precis cum

să îşi folosească timpul în fiecare zi. Ei ştiu care sunt lucrurile pe care trebuie să le facă şi le fac. Care sunt cele mai importante lucruri pe care trebuie să le faci zilnic? Scrie-le undeva şi hotărăşte un principiu pentru timp. În acest fel, întotdeauna vei avea suficient de mult timp pentru ele.

10) Principiu pentru creştere

Creşterea este compusă din convingerea necesităţii de a creşte progresiv. Indiferent cât de mult aş cunoaşte, încă mai există lucruri pe care ar trebui să le ştiu şi nu le ştiu, cărţi pe care ar trebui să le citesc şi nu le-am citit, persoanc pe care ar trebui să le întâlnesc şi nu le-am întâlnit, locuri pe care ar fi trebuit să le vizitez şi nu le-am vizitat, persoane pe care ar fi trebuit să le ajut şi nu le-am ajutat. Principiul creşterii este format din două componente:

a) Adunarea informaţiilor:

- notiţe - înseamnă să ai întotdeauna cu tine un instrument pentru notiţe. Foarte mulţi cred că nu au nevoie de notiţe, însă nu este înţelept să abordezi o astfel de atitudine, deoarece lucrurile pe care le auzi şi nu le notezi se pierd în decurs de 48 de ore.

- observaţie - înseamnă că indiferent de întâlnirea pe care o ai sau de locul pe care îl vizitezi, vei observa trei sau cinci lucruri noi. Când te trezeşti dimineaţa, propune-ţi următorul obiectiv: azi vreau să observ trei lucruri noi, pe care nu le-am mai observat până acum, adică să învăţ ceva din ziua aceasta. Având o astfel de atitudine, îţi programezi creierul în mod intenţionat să observe ceea ce doreşti. Atunci vei găsi atât de uşor lucrurile care vor contribui enorm la creşterea ta. Secretul este să adopţi atitudinea potrivită, iar restul va veni de la sine, de aceea atitudinea este o componentă importantă a caracterului.

b) Aplicarea informațiilor:

- înseamnă să aplici tot ce ai învățat în viața ta. Uită-te unde ți se potrivesc cel mai bine lucrurile pe care le-ai notat și le-ai observat și aplică-le. Aplicarea face diferența, însă cu siguranță nu ai ce aplica până nu ai învățat.

Toate cele zece principii de mai sus sunt legi care ne guvernează și ne influențează viața în mod direct sau indirect, în funcție de conjunctură. Dacă nu devenim conștienți de ele și de necesitatea implementării lor în viața personală, ne vom trezi la un moment dat depășiți de situație, neștiind ce să alegem. Atunci, șansele de a face alegeri greșite sunt foarte mari. Cu totul diferit este când te trezești în fața provocărilor și tu, în subconștientul tău, ai un principiu clar, deoarece știi exact ce vei alege, fără să te simți depășit și presat. Dacă, spre exemplu, ești convins că fumatul este teribil, că dăunează sănătății și că trebuie să stai departe de el, atunci știi ce se va întâmpla când te vei trezi în fața ocaziei de a fuma. Chiar dacă ți s-ar oferi o sumă de bani pe lângă posibilitatea de a fuma, tu ai respinge propunerea. De ce? Pentru că ai un principiu cu privire la tutun, în funcție de care faci alegerile.

Vestea bună este că toți oamenii au principii. Vestea proastă este că cei mai mulți și le-au format inconștient, în funcție de experiențe, de imaginile pe care le-au trimis la creier, de ceea ce au simțit și de felul cum a perceput creierul acele simțuri. Motivul pentru care întotdeauna vei găsi oameni extrem de talentați într-o parte, însă cu minusuri în celelalte părți, este că principiile nu sunt bune. Fiecare persoană este ori bună, ori rea, în funcție de principiile care o guvernează. De exemplu, noi îi numim persoane cu caracter pe cei care au trei sau patru componente ale caracterului care le scot în evidență părțile pozitive, deși ei au și altele care le scot în evidență minusurile. Totuși, pentru că cele bune sunt mai multe, ea este numită bună. La fel este și cu persoana care are mai multe principii rele decât bune. Partea rea este mai vizibilă, iar noi spunem că acesta este un om fără caracter. Realitatea este că toți cei din această categorie sunt potențiali oameni cu caracter, dacă principiile lor s-ar schimba. Însă pentru că cei mai mulți sunt în neștiință de ceea ce îi face să aleagă astfel, ei rămân la fel.

Indiferent din care categorie faci parte, ceea ce trebuie să știi este că ești o persoană minunată, creată de Dumnezeu pentru a realiza lucruri mari. Talentul, darul, abilitatea și potențialul pe care Dumnezeu le-a pus în tine trebuie eliberate, dar nu înainte de a da la o parte toate lucrurile care le limitează, iar acestea sunt convingerile greșite. Până acum cred că ai descoperit fiecare convingere negativă care te trăgea în jos și ai schimbat-o. Dacă nu, atunci te rog să mergi înapoi la convingeri și să le verifici, folosind modelul dat, pentru ca mai apoi, după ce le-ai identificat, să le schimbi. Dacă ai făcut acest lucru, aș vrea să te conduc la ultimul pas pe care cineva trebuie să îl facă, pentru a se bucura de rezultate maxime. Acesta este formarea principiilor după care îți vei guverna viața pozitiv, benefic și crescător. Poate că ești o persoană exemplu, însă în caracterul tău ai observat o mică fisură. Te îndemn să rezolvi acea fisură, pentru rezultate și mai bune. Poate ești o persoană care are multe fisuri; atunci trebuie să le fixezi pe fiecare în parte. Indiferent cine sau ce ești, tu ai dreptul să trăiești frumos și binecuvântat, de aceea te afli pe acest pământ.

Dacă sunt domenii în viața ta în care nu știi cum să alegi și să acționezi, deoarece nu ți-ai format principii pentru ele, atunci tot ce trebuie să faci este să le vizualizezi.

Imaginează-ți că te afli în mijlocul unei circumstanțe pentru care vrei să creezi un principiu și observă care este răspunsul tău. Să presupunem că vei primi o veste șocantă. Ce vei face? Dacă nu știi ce să răspunzi, înseamnă că nu ai un principiu gata stabilit, de aceea trebuie să lucrezi în acest sens. De exemplu, eu mi-am format un principiu despre orice veste pe care o primesc. Principiul meu este următorul: când voi primi o veste teribilă, îmi voi păstra calmul, voi rămâne pozitiv și îmi voi pune întrebări precum: Ce vrea Dumnezeu să mă învețe? Cum pot folosi această veste teribilă? Este ceva bun în ea? Cum aș putea să o rezolv? Cum aș putea să o folosesc spre binele meu? Din momentul în care mi-am stabilit acest principiu și până azi eu nu am mai fost niciodată dezamăgit, depresiv sau îngrijorat la primirea unei vești negative. Chiar dacă gândurile negative au încercat să vină, convingerea le-a oprit, iar eu am putut să îmi pun întrebările potrivite și, într-adevăr, întotdeauna am găsit ceva bun în vestea care la început părea să fie rea.

Poate că te gândești că sună foarte bine, însă cum va putea un astfel de principiu să îți rezolve problema? Răspunsul este că în mod sigur va rezolva problema. Întrebarea pe care trebuie să ne-o punem nu este dacă vor veni probleme, ci când vor veni, deoarece problemele vin indiferent cine ești; diferența este dată de felul în care te vei raporta la ele. Problemele pentru mine nu sunt probleme, pentru că eu am ales să nu cred în ele, de aceea, când mă aflu în astfel de momente îmi aduc aminte că sunt în fața unor oportunități. În timp, fiecare dintre ele s-a dovedit a fi oportunități deghizate. Deci, ce voi face pentru ca să le rezolv? Odată ce un principiu este înrădăcinat, vei ști cum să le rezolvi. Aceasta înseamnă că odată ce vin, tu ai soluția și nu vei mai trăi veșnic cu frica în spate și cu speranța că nu vor mai apărea. Când problemele apar, principiile te vor ajuta să le transformi în oportunități. Dacă nu ai principii pentru probleme, atunci ele vor deveni cu adevărat probleme, iar pentru alții vor fi chiar motivul de a renunța, ceea ce duce la eșec. Niciodată Dumnezeu nu va lăsa peste noi lucruri pe care să nu le putem rezolva, însă de multe ori noi ne complicăm și le transformăm în adevărate tragedii pentru că nu știm cum să ne raportăm la ele.

O persoană care nu are principii după care să se ghideze în viață, sfârșește în a cădea pradă fiecărei circumstanțe. Principiile au scopul de a ne proteja de momentele dificile și provocatoare, dar în același timp, de a ne conduce spre o viață realizată. Dumnezeu ne-a lăsat principii scrise în Biblie, iar atunci când le urmăm, devenim prosperi, fericiți și împliniți.

14

Cum să aleg?

Când eram mic, părinții mei obişnuiau să îmi spună în mod constant că alegerile pe care le voi lua în viață îmi vor afecta acțiunile şi apoi experiențele. „Ai grijă cum alegi!", îmi spuneau ei mereu, „pentru că viața înseamnă doar o singură cale. Odată ce ai ales calea pe care mergi, nu mai poți să te întorci în trecut, să schimbi alegerea pe care ai făcut-o, de aceea, fiecare decizie are propria ei consecință. Când faci o alegere, împreună cu ea alegi şi experiența care va rezulta din acea alegere."

Conştient de importanța alegerilor, m-am dus la şcoală, unde din nou mi s-a spus acest adevăr. Devenind adult, am ajuns să mă confrunt cu propriile mele decizii, în care părinții şi profesorii nu mai erau implicați. Crescând într-o biserică creştină, am auzit în mod repetat cât de importante sunt alegerile pe care urmează să le fac în viață. Dar, deşi mi s-a spus constant cât de importante sunt alegerile, prea puțini mi-au spus şi cum să aleg foarte bine. Ştiam că este important să aleg foarte bine, însă nu ştiam şi cum să o fac.

Probabil că şi tu te confrunți cu o astfel de situație, de aceea am decis să te ajut să faci aceste alegeri. Exemplul pe care am să ți-l prezint va produce rezultate extraordinare.

Şi eu, şi mulţi alţii care au luat acest exemplu, am experimentat nu doar o creştere din punct de vedere financiar, fizic şi psihic, ci mai mult de atât: fericire şi împlinire la un nivel superior. Imaginează-ţi cum ar fi arătat viaţa ta, dacă alegeai diferit într-o anumită situaţie. Nu-i aşa că există atât de multe lucruri care, dacă le alegeai altfel, te conduceau spre un rezultat mult mai bun? Cu siguranţă, sunt atât de multe oportunităţi de a alege.

Din nefericire, nu poţi să mergi în trecut pentru a schimba ceva la prezentul în care te afli acum, ca urmare a alegerilor pe care le-ai făcut. Ceea ce poţi să faci, însă este să începi din acest moment să alegi diferit, pentru ca viitorul tău să arate diferit şi să experimentezi o viaţă extraordinară, rezultată din alegeri extraordinare. De acum încolo, când te confrunţi cu o alegere dificilă, vei vrea să o verifici înainte de a decide cum să alegi.

Te confrunţi cu o alegere dificilă pe care nu eşti sigur şi nu ştii cum să o faci? Gândurile sunt extrem de importante, deoarece ne determină convingerile, care ne determină alegerile, care apoi ne determină acţiunile, care, în final, ne determină rezultatele sau experienţele. Alegerile sunt extrem de importante, la fel ca şi convingerile şi gândurile pe care le permitem în mintea noastră. Cu toate acestea, există momente în viaţă când alegerile sunt dificile. Poate fi vorba despre o alegere neinfluenţată de convingeri. Pot fi gânduri pozitive şi negative care te macină şi nu ştii cum este cel mai bine să alegi. Te gândeşti să alegi într-un fel, dar există anumite riscuri. Te gândeşti să alegi în alt fel, însă din nou există riscuri.

Întrebarea este: cum să alegi în astfel de situaţii? Acestea sunt cele mai importante alegeri pe care trebuie să le iei, deoarece te depăşesc pe tine, îţi depăşesc convingerile şi capacitatea. Într-o astfel de situație, totul revine gândurilor care se perindă prin mintea ta. Pentru ca să alegi bine în astfel de situații, trebuie să-ți verifici gândurile și riscurile pe care le comportă fiecare alegere. Înainte de a verifica alegerea prin filtrul celor patru pași, îți sugerez să faci cel mai important lucru: roagă-te și cere-I lui Dumnezeu să te lumineze, ca să poți alege ghidat de Duhul Sfânt și astfel să iei hotărârile cele mai bune.

Cinci pași pe care trebuie să îi urmezi, dacă vrei să alegi foarte bine

1) Identificare

Ce fel de gânduri am, pozitive sau negative? Ce simt înăuntrul meu despre această decizie pe care vreau să o iau? Simt frică, îngrijorare, nesiguranță, sau exact opusul? Simt că este o alegere care îmi energizează ființa, care mă motivează? Nu ești sigur ce să alegi, dar cu toate acestea poți să descoperi ce fel de gânduri hrănesc alegerea respectivă. Dacă gândurile sunt negative, este posibil ca alegerea să aibă efecte negative. De exemplu, dacă îți creează îngrijorare, frică, neclaritate, nesiguranță, atunci va trebui să îți pui un semn de întrebare în ceea ce privește proveniența lor.

2) Proveniența

De unde vin gândurile respective? Sunt gânduri venite de la Dumnezeu, sau de la diavolul? Identifică-le și vei descoperi de unde vin. Fii atent la detalii! Dacă alegerea respectivă presupune încălcarea moralității, cu siguranță nu este de la Dumnezeu. Orice gând pe care îl avem ne influențează alegerile, fie în mod pozitiv, fie negativ. Biblia spune că Duhul Sfânt este cel care ne conduce în fiecare alegere, de aceea, dacă vrei să alegi bine, asigură-te că ghidul din spatele ei este Duhul Sfânt. El pune întotdeauna realitatea înaintea noastră, pentru a ne ajuta să alegem corect. Totuşi, decizia ne aparţine. Noi hotărâm dacă acceptăm manipularea diavolului înspre o alegere greşită şi dăunătoare, sau dacă acceptăm îndemnurile Duhului Sfânt.

Întreabă-te: trebuie să minţi, să furi, să înşeli acolo unde te bagi? Atunci cu siguranţă ştii că nu este o alegere bună. Totuşi, vor fi momente care nu vor avea de-a face cu moralitatea, de aceea, în astfel de momente trebuie să rezumi alegerea la al treilea punct.

3) Nevoie

După ce ai identificat alegerea asupra căreia vrei să te decizi şi ai descoperit sursa ei, respectiv dacă încalcă sau nu moralitatea lui Dumnezeu, urmează al treilea pas, în care trebuie să verifici nevoia alegerii respective. Întreabă-te pe tine însuţi dacă ai nevoie de lucrul respectiv. Există o diferenţă semnificativă între a vrea un lucru şi a avea nevoie de el. A vrea înseamnă dorinţă, însă a avea nevoie înseamnă necesitate. De foarte multe ori alegem greşit, conduşi de dorinţe şi nu de necesităţi.

Exemplu: „Am nevoie de o maşină pentru a-mi uşura munca" - aceasta este o necesitate. „Vreau ultimul model de maşină apărut pe piaţă, sau o maşină de top, ca să impresionez şi să arăt cine sunt" - aceasta este o dorinţă. Din aceste două posibilităţi, înţelept este să iei maşina pe care îţi permiţi să o întreţii, pentru a-ţi îndeplini nevoile, iar nu maşina cu care vrei să-i impresionezi pe alţii şi pentru care nu ai resursele necesare. Nu poţi să intri în datorii pentru a-ţi satisface o dorinţă. Întotdeauna priorităţile se rezumă la nevoi, nu la dorinţe. Dorinţele sunt foarte bune, însă doar atunci când sunt folosite înțelept.

Un alt exemplu ar putea fi: „Trebuie să mănânc sănătos, ca să mă mențin sănătos", în comparație cu „Vreau să mănânc orice lucru pe care am poftă". În acest caz, ceea ce vrei să faci este mai degrabă să mănânci conform nevoilor organismului, decât să mănânci ceea ce știi că nu este sănătos. Alegerea înțeleaptă este păstrarea unui echilibru, pentru menținerea sănătății fizice și psihice. Dacă vrei să mergi într-un loc anume, însă nevoia te împinge să mergi în alt loc, atunci alegerea înțeleaptă este să urmezi ordinea priorităților și să mergi mai întâi acolo unde este nevoie.

Înainte de a lua o decizie, gândește-te dacă este necesar să faci lucrul respectiv, să mergi în locul respectiv, sau să cumperi obiectul respectiv. Ordinea priorităților este nevoia, apoi dorințele. Persoanele de succes aleg în ordinea priorităților. Cel care alege înțelept, în conformitate cu nevoia pe care o are, de obicei ajunge să experimenteze și împlinirea dorințelor. Însă cel care alege condus de dorințe, nu numai că rămâne neîmplinit odată ce dorința lui este satisfăcută, dar are de suferit și din cauza nevoilor nerezolvate.

De foarte multe ori în viață este simplu să alegem, dacă facem diferența între cele două, nevoia și dorința. Dorința, odată satisfăcută, trece, însă nevoia continuă timp îndelungat și nu poți să progresezi dacă nu o rezolvi. Analizează-ți gândurile și concluzionează dacă este vorba de o nevoie sau de o dorință.

4) Rezultat

Înainte de a lua o hotărâre, trebuie să iei în considerare și posibilele rezultate, respectiv beneficiile și riscurile. Dacă ești într-o funcție de conducere, fii atent la alegerile pe care le faci și la riscurile la care îi supui pe oamenii peste care conduci. Dacă ești într-o afacere, fii atent la riscurile la care îți supui afacerea. Dacă ești soț, fii conștient de riscurile la care îți supui soția, prin alegerile financiare, emoționale sau fizice pe care le faci.

Să presupunem că în spatele deciziilor se află gânduri bune și pozitive. Acesta este un pas important, deoarece ai trecut cu brio de primele două etape. Știi că vei alege astfel, însă acum nu vrei să alegi până când nu verifici în detaliu cum să alegi. Nu poți să iei în considerare doar latura pozitivă sau latura negativă, ci și potențialul câștig sau potențiala pierdere, în funcție de cum alegi. Studiază, analizează bine și doar după ce ți-ai făcut un plan poți să vii cu cea mai bună și mai profitabilă alegere. Dacă nu poți să aproximezi riscurile, câștigurile sau pierderile posibile, atunci încearcă să discuți cu alte persoane care au ales similar înaintea ta.

Pentru orice decizie pe care vei vrea să o iei vreodată, vor exista persoane de la care ai putea să înveți și care au experimentat pe propria piele rezultatul alegerii. Învață de la ele. Verifică să vezi ce au experimentat în urma alegerii pe care au făcut-o și pe care intenționezi să o faci și tu. Cum este viața lor, ca rezultat? Cum sunt ei în urma deciziei luate? Întrebările vor putea să îți aducă clarificări. Poate că rezultatul a fost dăunător pentru ei, ceea ce înseamnă că șansele sunt mari să fie la fel și în cazul tău. Ca exemplu: consideră o ofertă care ți s-a făcut, cu promisiunea unui câștig foarte mare. Oferta este foarte bună, însă există o problemă. Pentru a beneficia de ea, ți se cer anumite lucruri care încalcă valorile și principiile tale, respectiv integritatea și moralitatea. Ce vei alege? Dacă accepți, ar însemna să treci peste demnitatea ta ca persoană, deși câștigul ți-ar asigura un trai frumos pentru mult timp de acum înainte. Daca refuzi, ar însemna să îți păstrezi demnitatea, dar să pierzi oferta. Aceste alegeri sunt cele mai dificile, de aceea mulți aleg greșit.

Neclaritatea unei astfel de alegeri este provocată de gândurile noastre, deoarece interpretarea este greșită. Nu alegerea este cea care face decizia grea, ci felul în care noi o percepem. O alegere care necesită încălcarea unor principii și valori nu este niciodată de preferat, ea fiind mai degrabă un indicator spre degradare și eșec. Dacă ți-ai fixa clar în minte acest lucru, ai înțelege că o alegere care îți cere să minți, de exemplu, te ruinează. Mai devreme sau mai târziu, această minciună îți va cere alta ca să o acoperi și, la un moment dat, te vei trezi robul ei.

Un înțelept învață întotdeauna din experiențele altor persoane. Propune-ți să fii și tu unul dintre acei înțelepți care, înainte să aleagă, verifică rezultatele experimentate de alții. Poate că nu va fi vorba de încălcarea moralității, totuși, printr-o simplă verificare vei putea să îți faci un plan care îți va economisi atât timpul, cât și costurile alegerii respective. Nu uita că prin alegerea pe care o faci, alegi și rezultatul.

Răspunzând la aceste patru întrebări, vei putea să observi dacă natura gândurilor este pozitivă sau negativă. În același timp vei vedea câștigurile sau pierderile rezultate în urma unei alegeri sau a alteia. Întrebările sunt precum alarma unui ceas: ne trezesc la realitate. De câte ori ați fost dezamăgiți de o alegere bună pe care ați făcut-o? Niciodată nu-i așa? O alegere bună întotdeauna aduce beneficii și a-tunci singura dezamăgire este că nu am făcut-o mai repede. Dacă azi vei deveni conștient de importanța unei alegeri foarte bune, atunci cu siguranță că în viitor vei experimenta rezultate foarte bune. Analizând întrebările, nu numai că vei diminua șansele unei alegeri neînțelepte, dar mai mult decât atât, vei creşte exponenţial şansele unei alegeri înţelepte şi benefice. Luarea unei decizii bune este foarte importantă în fiecare moment, deoarece o decizie influenţează următoarea decizie, următoarea o influenţează pe următoarea şi aşa mai departe.

Exemplu: dacă se întâmplă să alegi greşit într-o investiţie financiară şi creezi o pagubă, în viitor, fiecare decizie financiară va fi influenţată de prima, deoarece acea pagubă te restricţionează şi afectează felul în care vei gestiona banii. Acum, eşti limitat de decizia luată. Dacă azi vei fi dispus să investeşti timp şi atenţie în alegerile pe care le faci, vei ajunge în viitor să culegi rezultatele semănării. Poate îţi imaginezi că ai nevoie de foarte mult timp în luarea unei astfel de decizii, sau poate simţi că eşti depăşit de atât de multe detalii pe care trebuie să le iei în considerare. Indiferent ce gândeşti, un lucru trebuie să conştientizezi. Este mai înţelept să pui deoparte mai mult timp pentru a lua o decizie foarte bună, decât să schimbi o decizie greşită. Formându-ţi obiceiul de a alege bine, la un moment dat acesta va deveni o convingere, un principiu care în timp va deveni automat. Zilnic alegem, conştient sau mai puţin conştient. Noi decidem, însă orice vom decide, aceea vom experimenta. Începe chiar din acest moment să verifici alegerea pe care trebuie să o faci chiar acum şi vei vedea cât de uşor şi de benefic este acest criteriu de alegere.

Cum să aleg atunci când sunt nesigur, chiar dacă am folosit filtrul?

Există excepţii în care, oricât de mult ai încerca să te decizi, îţi este imposibil să o faci. Acestea sunt momente normale şi au loc de obicei atunci când cineva este atât de implicat emoțional și fizic în acea alegere, încât nu poate să perceapă logica. Astfel, emoțiile și implicarea sentimentală fac alegerea dificilă.

Nu-i așa că și tu știi persoane care ar trebui să se schimbe și te întrebi cum de ei nu văd lucrul care îi trage în jos, făcându-i să aleagă greșit? Este atât de vizibil pentru tine, deoarece nu ești implicat sentimental și emoțional. La fel se întâmplă uneori și cu noi, din cauza implicării. Astfel, în loc să vedem realitatea, vedem o iluzie prin care percepem acel lucru anume sau acea alegere ca fiind cea mai bună, pe când, sincer, suntem departe de adevăr. În asemenea cazuri, un sfat este tot ce avem nevoie.

Deși aceste momente sunt rare, ele de obicei sunt și cele mai importante, deoarece se referă la lucruri care ne depășesc pe noi înșine. Sunt, dacă vreți, alegerile care fac diferența. Întrebarea este cum voi decide ce să aleg în astfel de situații? Ei bine, după ce ai încercat și te-ai asigurat că este imposibil pentru tine să discerni și să ajungi la o concluzie, trebuie să activezi ceea ce eu numesc ajutorul discernerii. Acesta este simplu și constă în cererea opiniei și a ajutorului uneia sau mai multor persoane din jurul tău. Caută persoanele în care poți să ai încredere și pe care poți să contezi, spune-le situația în care te afli și întrebă-le ce ar alege dacă ar fi în locul tău. Aceste persoane pot să fie iubitul, partenerul, liderul, pastorul, mentorul, prietenul, părinții, rude, colegi sau oricine altcineva în care ai încredere. Punând întrebări, vei putea să descoperi și alte opinii care cu siguranță că îți vor fi de folos. Totuși, sugestia mea este să găsești nu doar persoane care au o opinie, ci mai mult, persoane care au trecut prin situația prin care treci tu, sau prin situații similare, și care au ales bine, iar ca urmare au rezultate bune. De aceea, trebuie să faci trei lucruri:

1) Identifică

Întâi identifică aria în care te confrunți cu alegerea pe care nu ești sigur. Ce trebuie să alegi și nu știi cum să o faci? Identificarea este foarte simplă, astfel că imediat ce știi despre ce este vorba, te miști la următorul pas.

2) Caută o persoană competentă

Găsește persoana potrivită, care poate să îți dea o sugestie bună și care are experiență în ceea ce tu experimentezi acum. Dacă nu găsești pe nimeni care a trecut printr-o experiență similară, caută virtual (pe internet) și analizează. Sau întreabă-i pur și simplu pe cei din jurul tău, chiar dacă nu au trecut prin ceea ce treci tu. Poate pot să îți dea o sugestie. Fiecare sugestie contează. Totuși, caută persoana potrivită în locul potrivit, sau cu alte cuvinte, nu te duce la doctor cu mașina ca să o repari, după cum nu te duce la mecanic cu durerea de spate.

3) Decide

Adună informațiile și sugestiile pe care le-ai primit și analizează-le prin filtrul pe care ți l-am dat, pentru ca să vezi dacă sunt benefice sau nu. Odată ce ai descoperit riscurile și posibilele efecte pe care le-ar putea avea asupra ta, poți să decizi cum alegi.

Credem sau nu, realitatea pe care o experimentăm se datorează gândurilor, de aceea, dacă vei lua acest lucru în serios, cred din toată inima că viața ta se va schimba. Nu pentru că este o motivație bună sau pentru că sună bine, ci pentru că am văzut cu ochii mei nenumărați oameni care au experimentat o schimbare majoră în viața lor datorită acestui model de verificare.

Acum, după ce ai schimbat sau vei schimba fiecare obicei și convingere negativă pe care le-ai avut sau le ai, trebuie să folosești pentru tot restul vieții tale acest filtru, prin care să-ți verifici gândurile care trec prin mintea ta zilnic. Sub nicio formă nu trebuie să permiți gândurilor care provin de la diavolul să își facă cuib în mintea și în inima ta. Este foarte bine că ai scăpat de convingerile care te limitau, sau de obiceiurile și adicțiile care te trăgeau în jos, însă nu este suficient.

Vreau să continui acum să te hrănești cu gânduri pozitive, ziditoare, încurajatoare, care provin de la Dumnezeu, și nu cu gânduri inutile și dăunătoare. Trebuie să înțelegi că în orice moment poți schimba o convingere, dacă vei permite în mod repetat ca doar un anumit fel de gânduri să își facă cuib. Protejează-ți viața prin protejarea și selectarea gândurilor. Păstrează această carte și recitește-o ori de câte ori te confrunți cu alegeri dificile, sau cu gânduri incontrolabile și vei găsi din nou soluția. Viața aceasta pe care Dumnezeu ne-a oferit-o este prea scurtă ca să o risipim și prea lungă ca să o trăim necontrolat. Circumstanțele și problemele vieții nu ne formează, ci ne demonstrează cine suntem. Prin urmare, nu aștepta după probleme ca să afli cine ești, ci formează-te tu, așa încât atunci când problemele vin să le direcționezi tu pe ele și nu ele pe tine.

O persoană care are principii, valori și convingeri pentru fiecare lucru în viață va ști cum să se raporteze la ele, însă o persoană care nu are principii va merge împreună cu valul în direcția în care îi va duce fluxul. Tu ești cel care controlează direcția bărcii tale, nu fluxul, însă pentru a putea să o controlezi trebuie să știi încotro te îndrepți. Cu alte cuvinte, unde vrei să ajungi.

Cum reacţionez la alegerile altor persoane?

1) Întotdeauna când mă raportez la alegerile altor persoane, care m-au afectat şi pe mine, pot să aleg să răspund şi să provoc o ceartă, sau pot să nu răspund, dar înăuntrul meu să fiu adânc lovit de alegerea respectivă. Rezultatul în acest caz vor fi gânduri sau chiar convingeri negative despre persoana în cauză şi chiar o ruptură treptată a legăturii dintre noi. Este posibil să îmi controlez gândurile şi să nu răspund, dar nici să nu doresc să îl ajut pe cel care a greşit, să se schimbe. Această situaţie funcţionează dacă omul nu face parte din cercul meu şi este doar un străin. Dacă însă se întâmplă să fie un apropiat, atunci este foarte probabil ca el să repete greşeala şi să fiu din nou afectat. Într-o astfel de circumstanţă este înţelept să doresc să îl ajut.

2) Pot să nu răspund, ca să nu risc o ceartă, dar în acelaşi timp să nu mă las afectat înăuntrul meu de acele gânduri negative, provocate de alegerea celuilalt. În această situaţie îmi rămâne o singură opţiune, şi anume să conştientizez persoana în cauză de responsabilitatea pe care o are şi de efectul negativ pe care alegerea respectivă l-a avut asupra ei, dar şi asupra întregului grup, fie că este într-o instituţie, biserică, afacere, colectiv, grup, cerc de prieteni.
Atenţie în încercarea de a face persoana în cauză responsabilă de greşeală! Cei mai mulţi se adresează greşelii, lucru care este ineficient. Ciudat! Atunci mă întreb cum aş putea să procedez cu maximum de eficienţă. Răspunsul este prin prezentarea părţii pozitive. Nu îi spune ce greşeală a făcut, dar spune-i cât de bine se descurcă, ce calităţi are şi doar apoi introdu greşeala sub forma unei fisuri în caracter. De exemplu, dacă sunt angajat şi vreau să îl conştientizez

pe şeful meu de greşelile repetate pe care le face şi care ne afectează atât pe noi, cât şi pe el, trebuie să încep cu partea pozitivă: cât de bine merge afacerea, cât de bine conduce el, cât de profitabil este câştigul şi aşa mai departe. Abia mai pe urmă să introduc acea greşeală, spunându-i: „Cred că aţi putea face mai bine! Pentru un câştig mai bun, pentru o funcţionare mai bună, pentru o creştere eficientă aţi putea considera o alegere diferită în aria aceasta. Aveţi o afacere mult prea bună pentru a vă permite să faceţi greşeli din acestea”. Cu o astfel de prezentare am toate şansele să reuşesc să îl conving pe şeful meu să îşi schimbe alegerile, care bineînţeles că mă vor afecta şi pe mine ulterior.

La fel este şi în căsătorie, în carieră, cu prietenii, cu familia etc. O astfel de abordare aduce rezultate maxime. Totuşi, în cazul în care prima încercare nu funcţionează, continuă să perseverezi. Trebuie să îţi aminteşti că o greşeală care vine din convingere este setată foarte bine în creier, de aceea, pentru rezultate, trebuie repetat opusul până când convingerea se schimbă. Rezultatul va veni în timp, chiar dacă la început presupune muncă. Bonusul pe care îl vei primi la final va consta în relaţia minunată pe care o vei construi şi în cariera de succes. Toate acestea datorită caracterului pe care azi îl cultivi.

La un moment dat, soţia mea a trecut printr-o experienţă asemănătoare. Fiind la o şcoală de pregătire timp de patru luni de zile, ea a întâlnit tot felul de persoane, mai mult sau mai puţin responsabile, iar problema consta în alegerile lor. Întotdeauna când vorbeam cu ea era frustrată şi nemulţumită de alegerile celor din jur. Îmi aduc aminte cum îmi prezenta alegerile greşite pe care cei din jurul ei le fă-ceau şi care o afectau şi pe ea. La un moment dat, s-a şi îmbolnăvit din cauza neatenţiei unor persoane care luaseră un virus de pe undeva. Frustrarea ei venea din faptul că o săptămână întreagă a trebuit să sufere ca urmare a nepăsării celor din jur. Dar şi după ce s-a însănătoşit, frustrările au rămas, pentru că persoanele în cauză, adică colegii de şcoală, continuau să facă aceleaşi alegeri greşite.

Într-o zi, nu la mult timp după ce s-a făcut sănătoasă, s-a trezit cu dureri de cap. Ea susţinea că este din cauza colegei de cameră, care tuşea şi strănuta pretutindeni, împrăştiind microbi, fără să îşi acopere gura. Vorbind cu ea, i-am spus că are doar două alegeri de făcut, exact cum am scris mai sus: ori să treacă peste situaţie, înlocuind gândurile negative şi continuând să fie frustrată pe tot parcursul şederii ei acolo, ori să vorbească cu colega şi să o conştientizeze de greşelile pe care le face. Înţelegând importanţa unei discuţii, a ales să vorbească cu ea, dar în urma convorbirii, a rămas profund marcată de dificultăţile prin care trecea persoana respectivă. În tot acest timp, ea acuzase în mintea ei o persoană care trecea printr-un calvar despre care nu ştia nimeni. Înţelegându-i problemele, soţia mea şi-a cerut iertare şi şi-a schimbat atitudinea, iar dacă până în acel moment s-a raportat la ea ca la o persoană needucată, acum a început să o ajute. Tot ce a trebuit să facă a fost să îşi schimbe convingerile faţă de persoana în cauză şi să o ajute să înţeleagă că unele lucruri trebuie să le facă diferit. Din acel moment, au devenit cele mai bune prietene. Soţia mea s-a bucurat de compania şi disciplina colegei, iar colega s-a bucurat de un prieten adevărat, care a fost lângă ea la nevoie.

V-am relatat această întâmplare pentru că şi voi, asemenea soţiei mele, vă puteţi afla în situaţii similare. Să nu uitaţi un lucru: nu ştii niciodată prin ce trece persoana pe care o acuzi în subconştientul tău. Niciun om nu este în sine rău, dar convingerile, gândurile şi obiceiurile negative îl fac să aleagă greşit. Ajută persoana pe care acum o urăşti să treacă peste probleme. Fii un prieten, nu un judecător! Şeful, partenerul, prietenul, unchiul, verişorul, sau poate chiar vecinul au nevoie de cineva care să aibă suficient de mult curaj pentru a trece peste superficialitatea lor şi a-i ajuta. Chiar dacă îi vezi puternici în exterior, nu uita că luptele se dau în interior. Eşecurile şi victoriile se determină înăuntru. Mândria şi aroganţa sunt doar slăbiciunile prin care încearcă să ascundă bătăliile interioare. Seriozitatea aceea sumbră prin care caută să pozeze, nu este altceva decât un strigăt disperat de ajutor. Tu, în schimb, alege să-i ajuţi pe oameni să se schimbe şi astfel vei schimba nu doar viaţa lor, dar şi viaţa ta, pentru că alegerile lor te vor afecta şi pe tine, într-un anumit procent.

15

Un lucru pe care nu îl poți alege

În viață, totul poate să fie ales. Dumnezeu ți-a dat darul alegerii, prin care să te raportezi la fiecare lucru, indiferent de natura lui. Poți să alegi de la cele mai mici şi mai neînsemnate lucruri, cum ar fi ce mănânci sau ce îmbraci, până la cele mai însemnate, respectiv cum te raportezi la Dumnezeu, la oameni, la tine însuți, la societatea în care trăieşti, la valorile pe care le urmezi, la gândurile pe care le laşi să te influenţeze, la imaginile pe care le acorzi acestor gânduri, la convingerile pe care le adopţi, la alegerile pe care le faci (chiar şi pe acestea le poţi alege), la acţiuni, la sentimentele pe care le dezvolţi, la lucruile pe care te focalizezi şi aşa mai departe.

Orice lucru în viață poate fi ales, cu o singură excepţie: consecinţa. Ea vine întotdeauna ca rezultat al alegerilor asupra cărora acţionezi. Gândeşte-te la o alegere simplă pe care ai făcut-o, cum ar fi ce să mănânci. Zilnic ai avut posibilitatea să alegi mâncarea sănătoasă sau mai puţin sănătoasă, însă acum a sosit momentul consecinţei. Corpul tău va arăta exact cum ai ales tu. Va fi atât de sănătos, în formă și frumos precum ai ales. Nimeni nu poate vreodată să aleagă o altfel de consecință, decât cea care vine în urma deciziilor personale. Nu îți place consecința pe care o experimentezi, schimbă alegerile, dar consecința niciodată nu poate să fie aleasă. Dacă vei realiza acest adevăr, vei înțelege cu adevărat de ce ai experimentat fiecare lucru prin care ai trecut până acum și efectele lui, atât pozitive, cât și negative, care au rezultat.

Vrei altfel de consecințe? Schimbă-ți alegerile. Crescând în biserică de mic, am învățat că Isus a venit în lume ca să moară pentru mine și pentru tine și să ne dea posibilitatea la o nouă șansă, prin care să putem fi salvați. Salvați de la ce? Nu am înțeles niciodată până când am realizat acest adevăr. De ce a trebuit Isus să vină pe pământ și să moară? Nu era mai ușor să ne bage pe toți în rai, indiferent de alegerile pe care le-am făcut? Până la urmă toți suntem creația mâinii Lui și El ne iubește pe toți la fel. Isus a trebuit să vină în lumea noastră tocmai datorită acestei realități numite consecință. Dumnezeu nu putea sub nicio formă să schimbe consecința alegerilor noastre, din cauza dreptății Sale. Ar fi însemnat ca El să Își încalce propria dreptate. Cu toate acestea, a fost totuși un lucru pe care a putut să îl facă: să-L trimită pe pământ pe Isus întrupat, ca să ne influențeze pozitiv prin adevărul pe care l-a proclamat. Cei care l-au auzit, la rândul lor urmau să-i influențeze pe alții și așa mai departe, astfel încât toți să avem posibilitatea de a schimba în primul rând destinația spre care ne îndreptăm, dar și alegerile pe care le facem în acest proces, respectiv consecințele care apar.

Isus a murit pentru că trebuia să se plătească prețul păcatului, care este moartea, iar prin acest preț, noi să avem posibilitatea unei a doua şanse. Scopul venirii Lui nu a fost doar acela de a muri pentru păcatele noastre. Da, acest lucru ne dă posibilitatea unei noi vieţi, însă dacă alegerile rămân aceleaşi, atunci şi consecinţa rămâne aceeaşi, şi înseamnă moartea. Înainte de a ne acorda iertarea, Isus a vrut să ne influenţeze vieţile prin adevărul pe care Îl întruchipa. Prin acel adevăr pe care urma să îl aplicăm în vieţile noastre, noi trebuia să ne schimbăm alegerile, respectiv consecinţa lor.

În concluzie, care a fost scopul lui Isus? Scopul lui Isus a fost conceput din două părţi: prima parte a fost de a veni pe pământ şi de a-i influenţa pe oameni în mod pozitiv, pentru ca să aleagă pozitiv. A doua parte a fost să moară pentru oameni, pentru ca prin moartea Lui, preţul păcatului să fie plătit, iar noi să avem posibilitatea de a o lua de la zero, reînnoiţi şi iertaţi de toate greşelile pentru care trebuia să plătim şi să murim. Prin moartea lui Isus, acest preţ a fost plătit, iar noi am primit o nouă viaţă, care înseamnă o nouă şansă. Azi, eu şi tu trebuie să alegem dacă acceptăm şi profităm de această şansă, schimbându-ne alegerile şi implicit şi consecinţele. Eu şi cu tine avem la dispoziţie o viaţă întreagă în care putem să alegem ce vrem şi cum vrem să trăim această a doua şansă, însă va veni un timp când vom muri. Alegerea pe care am făcut-o cât am fost în viaţă va determina consecinţa la moarte.

Dacă ai ales să profiţi de această şansă alegând foarte bine, vei experimenta o consecinţă foarte bună, dincolo de moarte, însă dacă ai ales foarte rău şi nu ai profitat de ea, vei experimenta o consecinţă foarte rea, dincolo de moarte. Întreabă-te pe tine însuţi dacă are logică ceea ce ţi se prezintă. Verifică ceea ce ţi-am spus şi nu lăsa ca influenţele negative să îţi determine convingerile şi alegerile pe care le faci în această viaţă şi îţi promit că vei fi cel mai fericit. Oricât de mult am încerca noi să ne scuzăm pentru alegerile pe care le facem, consecințele vor rămâne, nu-i așa? Chiar dacă am ales neintenționat, necugetat și involuntar, consecințele vor rămâne. În fiecare lucru din viața ta vei putea să alegi, de aceea te sfătuiesc să alegi foarte bine, așa încât viața aceasta să fie extraordinară. Rămâi însă conștient și de cealaltă, deoarece la sfârșit va exista o concluzie pentru fiecare alegere și aceea va fi consecința care nu poate fi schimbată.

Isus a venit pentru ca să ne influențeze să alegem pozitiv și pentru ca să ne acorde a doua șansă, adică o viață nouă. Tu decizi acum cum îți direcționezi această viață nouă. Dumnezeu nu a provocat niciodată suferință vreunei persoane și nici nu a trimis vreodată un om în iad. Aceste lucruri sunt consecințele alegerilor personale. Dumnezeu a făcut tot ce a putut pentru noi, oamenii, de la început până la Isus și continuă să facă de la Isus, prin Duhul Sfânt, care este cu noi și în noi, și prin cuvântul Lui, Biblia, prin care ne motivează constant să alegem pozitiv, să alegem viața.

„Viața este precum un ban; poți să o cheltuiești pe ce vrei tu, însă numai o dată." Dumnezeu ți-a dat tot ceea ce aveai nevoie ca să devii o persoană de succes. Nu te limita făcând lucruri mici, pentru că ai fost creat să faci lucruri mari. Lumea în care trăim are nevoie de oameni mari cu caracter, puternici, influenți, morali, care să penetreze fiecare mediu din societate și să îl transforme în planul lui Dumnezeu. Un citat din Biblie spune: „Iată, pun înaintea ta binele și răul; alege binele". Alege o viață tridimensională. Nu doar o viață realizată material, financiar, dar și spiritual. Să trăiești o viață de succes înseamnă să trăiești un succes continuu pentru tot restul vieții. Un om înțelept a spus: „Niciodată nu plătești prețul pentru o investiție. Te bucuri de rezultate pentru o investiție, însă întotdeauna

plăteşti preţul pentru neinvestiţie. Adică pentru lucrurile în
care alegi să nu investeşti.

Tu nu plăteşti un preţ pentru investiţia pe care o realizezi într-o viaţă de succes, dar te bucuri de toate beneficiile pe care le experimentezi ca rezultat al unei astfel de
vieţi. Plăteşti preţul limitării pentru o viaţă în care nu investeşti. Plăteşti preţul neajunsurilor, al îngrijorărilor, al
nefericirii, al nesiguranţei, al frustrărilor, al depresiei, al
adicţiilor, al obiceiurilor negative şi multe altele. Tu nu plăteşti un preţ pentru relaţia în care investeşti, dar te bucuri
de fiecare beneficiu pe care îl extragi din această relaţie,
cum ar fi: fericirea, satisfacţia, iubirea şi siguranţa, încrederea, distracţiile, afecţiunea etc., însă cu siguranţă plăteşti
un preţ pentru neinvestiţia într-o relaţie. Tu nu plăteşti un
preţ pentru alegerea de a deveni un copil a lui Dumnezeu.
Dimpotrivă, beneficiezi de pe urma acestei alegeri de toate
beneficiile pe care le extragi ca şi copil al lui Dumnezeu,
cum ar fi: trăirea unei vieţi morale, un caracter dezvoltat,
sănătatea, prosperitatea, fericirea, împlinirea, satisfacţia,
siguranţa, credinţa, speranţa, iubirea şi, mai mult decât toate
acestea, viaţa veşnică. Totuşi, există un preţ pe care îl plăteşti, iar acesta este pentru a nu deveni un copil a lui Dumnezeu. Este preţul unei vieţi nefericite, irosite, neîmplinite
şi fără sens, este preţul nesiguranţei şi al îngrijorărilor. Să
fii un copil al lui Dumnezeu înseamnă să te bucuri de toate
beneficiile pe care le extragi, însă să nu fii copilul Lui înseamnă să plăteşti preţul.

Foarte mulţi trăiesc cuprinşi de tot felul de frici, care
nu au alt rol decât de a-i ţine departe de reuşitele pe care le
visează. Unora le este frică de moarte şi iad, când de fapt ar
trebui să le fie frică să îşi trăiască viaţa în mod iresponsabil, să o risipească. Iadul nu este altceva decât rezultatul

alegerii de a-ți trăi această viață după plăcerea ta. Altora le este frică de eşec, când de fapt ar trebui să le fie frică de absența dezvoltării personale, deoarece eşecul nu este altceva decât rezultatul alegerilor noastre sărace. Alege să profiți de toate beneficiile unei vieți de succes, prin alegerea trăirii unei vieți cu Dumnezeu. Prețul unei vieți risipite este prea mare, de aceea, să nu uiți un lucru: niciodată nu vei plăti un preț pentru lucrurile în care investeşti, dar întotdeauna vei plăti un preț pentru lucrurile în care nu investeşti. Alege să investeşti în această viață pe care o ai. Foloseşte această carte ca şi ghid, pentru ca să îți direcționezi alegerile în viață şi să obții consecințe de care să te bucuri.

Biblia prezintă cea mai clară imagine despre ce înseamnă să alegi viața. În Vechiul Testament este prezentată o imagine în care Moise, în calitate de lider pus de Dumnezeu peste Israel, se adresează poporului cerându-i să aleagă între viață şi moarte. Ce au ales ei? Gândind logic, ei ar fi trebuit să aleagă viața, deoarece nimeni nu îşi doreşte să moară, în special dacă are şi oportunitatea de a alege. Din păcate, cu excepția a doar două persoane, alegerea lor a fost moartea. Te întrebi cum ar putea să aleagă cineva atât de prost? Ei bine, întrebarea pe care Moise le-a pus-o nu s-a referit la moartea sau la viața fizică din acel moment, ci a avut de-a face cu felul în care îşi vor trăi viața mai departe.

Întrebarea lui Moise este şi întrebarea pe care vreau să ți-o adresez la finalul acestei cărți. Ştiind că ai o singură viață, ce vei alege? Vei alege să trăieşti o viață morală? Să te dezvolți ca persoană în cea mai bună versiune numită „tu"? Alegi să trăieşti o viață fericită, morală, prosperă şi de succes? Sau alegi să trăieşti la fel de dezamăgit, de frustrat, de nemulțumit şi de nefericit? Israelul a ales în acele momente să continue cu stilul lor de viață iresponsabil, chinuindu-şi

viețile în pustie, într-un loc uscat, secetos și deloc primitor.
Doi dintre ei însă, Caleb și Iosua, au ales viața. În urma
alegerii lor, ei au devenit eroi care vor rămâne în istorie
pentru totdeauna, datorită realizărilor lor. Tu ce alegi?

Alege Viața și vei trăi!
Alege o viață 3D!

Dragă cititorule,

Felicitări pentru investiția prin care ai contribuit la creșterea ta. Felicitări pentru fiecare lucru pe care l-ai învățat și felicitări pentru fiecare lucru pe care îl vei aplica în viața ta. Aș vrea să cred, împreună cu tine, că viața ta nu va mai fi niciodată la fel. Cred că ai luat o decizie care îți va aduce experiențe diferite. Acum, ai ajuns la sfârșitul acestei cărți, dar la începutul trăirii unei vieți 3D. Încurajarea mea pentru tine este: acționează. Primul pas va face diferența. Ia tot ce ai învățat și aplică în viața ta, iar dacă știi pe cineva care ar putea să beneficieze de această carte, dacă crezi că prin ea ai fost binecuvântat și că ar putea să îi binecuvânteze și pe alții, atunci simte-te liber să o recomanzi și altor persoane. Scopul acestei cărți este să te ajute în trăirea unei vieți extraordinare. Eu cred că Dumnezeu vrea ca toți să trăim o astfel de viață.

În încheiere, aș vrea să îți mulțumesc pentru contribuția pe care ai ales să o aduci în momentul în care ai cumpărat această carte. Fiecare exemplar vândut înseamnă o donație de 50% din preț pentru ajutorarea oamenilor. Nu ai investit doar în tine, ci ai investit și în semenii tăi, prin cumpărarea ei. La sfârșit, aș vrea să te încurajez să îmi scrii despre orice nevoie, ajutor sau mulțumire ai avea. Mărturia ta și felul în care viața ta s-a schimbat în urma lecturării, contează, de aceea, aștept nerăbdător să îți citesc povestea. Simte-te liber să îmi scrii la adresa de email
alexis.ciuciu@yahoo.com.

Îți mulțumesc! Cu stimă,
Alexandru Ciuciu Freisinger

9 788826 906920